KB173536

삶이 괴로울 땐
공부를 시작하는 것이 좋다

삶이 괴로울 땐
공부를 시작하는 것이 좋다

일상을 연구하는 과학자가 발견한
사는 게 재밌어지는 가장 신박한 방법

박치욱 지음

whale books

《삶이 괴로울 땐 공부를 시작하는 것이 좋다》는 미국 퍼듀대학교 생화학 교수이자 소셜미디어 인플루언서인 박치욱이라는 비범한 어른이 하는 특별한 공부에 대한 이야기이다. 평생 공부를 업으로 살아가는 사람은 짜파게티 한 봉지를 끓여도, 계란 하나를 삶아도 부엌을 실험실로 삼아 과학적인 방법론을 적용하여 철저하게 만들어낸다. "이 세상 만물이 나의 교과서"라고 주문처럼 외우고 아무렇지도 않게 공부를 실천해 내는 저자의 눈으로 바라보는 일상은 결코 평범하지 않다. 내 평범한 일상까지도 그의 눈을 빌려 특별한 실험실로 만들고 싶어진다.

— 이상희(인류학자, 캘리포니아 리버사이드대학교 교수)

괴로운데 공부를 하라고?

오래전 동료 과학자들과 함께 저녁을 먹었을 때의 일이다. 당시 아이들과 함께 루빅스 큐브에 푹 빠져있던 나는 내가 모으고 있는 다양한 큐브의 종류와 흥미로운 원리에 대해 신나게 떠들었다(자세한 내용은 6장 퍼즐 부분에서 읽을 수 있다). 한참 동안 묵묵히 이야기를 듣던 한 교수가 물었다. "도대체 그런 거 할 시간이 어딨어?"

다들 가르치고 연구하고 논문 쓰고 연구비 신청서를 작성하면서 엄마 아빠로서 아이들도 돌봐야 하는, 몸이 둘이라도 부족한 바쁜 삶을 살고 있는 젊은 교수들이었기에 당연한 질문이었다. 사실 시간이 없기는 했다. 그래서 어떻게 시간을 낼 수 있는지는 이야기하지 못했고, 단지 이렇게 답했던 기억이 난다.

나는 과학자이고, 과학이란 세상이 움직이는 원리에 대한 앎knowledge이라고. 그래서 나에게는 내 전공 분야인 단백질 분자의 구조 변화든 루빅스 큐브든 동일한 앎의 대상이라고. "과학자니까 뭐가 되었든 그 안에 어떤 원리가 있는지 알고 싶어지지 않아?"라고 오히려 되물었다. 아무도 대답하지 않았다. 사실 알고 싶지 않은 과학자가 어디 있을까? 현실이 그럴 낭만을 허용하지 않을 뿐이다.

대학교수가 다른 직업에 비해 무척 자유롭기는 하지만, 그렇다고 놀고먹는 직업은 아니다. 미국의 대학교육 전문 잡지인 《고등교육 신문The Chronicle of Higher Education》에 따르면, 미국의 대학교수들은 매주 평균 60시간 일한다고 한다. 뭐 한국의 직장인들에게는 가소로운 숫자일 수도 있지만, 일과 삶의 균형work-life balance을 강조하는 미국 사회에서는 상당히 놀라운 결과이다. 실제로 연구비를 수주해 대학원생과 박사후연구원 여러 명을 데리고 연구 과제를 수행하다 보면 60시간도 부족한 경우가 많다. 그러니 본인의 연구 분야가 아닌 것에 관심을 갖기가 정말 쉽지 않다.

게다가 모든 연구는 어떠한 '가치value'를 보여주어야 한다. 연구비를 신청할 때도 어떤 가치가 있는 연구인지 입증해야 하고, 논문을 낼 때도 결과에 어떠한 가치가 있는지 설득해야 한다. 그런데 루빅스 큐브의 원리라니…. 대놓고 말은 안 했지만 동료들이 얼마나 어이없었을지 나도 모르는 바가 아니다.

우리는 정말 태어나는 순간부터 새로운 것을 접하고 배워 나간다. 엄마 아빠 얼굴을 배우고, 배고픔의 고통을 배우고, 그럴 땐 울면 해결된다는 것을 배우고…. 생존을 위한 배움은 학교에 가서 성공을 위한 배움으로 바뀐다. 그렇게 '힘들어도 참고 공부해야 원하는 것을 얻을 수 있다'는 공식이 자리 잡는다. 그러니 가치 있는 것을 공부해야 한다는 건 학자뿐만 아니라 우리 모두가 공유하고 있는 확고한 믿음이다. 이렇듯 우리 삶에 중요한 가치를 추구하는 공부가, 한편으로는 "제발 그만!" 하고 비명이 나올 정도로 괴로울 수 있다는 것 또한 우리 모두가 공유하는 아픈 경험이다.

나는 언제부터인가 가치와 무관한 앎을 추구하는 재미를 알아버렸다. 때로는 확실한 목표를 가지고 시작했던 공부도 하다 보면 원래 목표에서 안드로메다만큼 멀어지기도 했다. 그런데 이런 공부는 전혀 괴롭지 않았다. 그 안에는 몰입이 있었고, 의아함이 있었고, 놀라움이 있었고, 환호가 있었다. 오히려 이런 '쓸데없는' 공부를 하지 못하면 삶이 무료하고 갑갑하고 괴로웠다. 내가 지루해서 죽을 듯 괴로워하고 있으면, 아내는 "빨리 새로 공부할 것 좀 찾아봐!"라고 닦달을 한다. 나를 알아도 너무 잘 알아서 무섭다.

이 책은 어떤 면에서는 한 과학자의 일탈과 반항의 기록이다. 나에게 가치 있는 공부를 하라고 끊임없이 압력을 가하는 이 사회에, 단지 나 자신의 기쁨을 위해서도 공부할 자유가 있다고 외치는 목소리이다. 가치를 따지지 않는 공부가 삶을 풍요롭고 아름답고 즐겁게 만들 수 있다는 발칙한 주장이기도 하다.

아내는 종종 사람들에게 "제 남편은 새로운 취미를 찾는 게 취미예요"라고 나를 소개한다. 아내의 말대로 그동안 수많은 새로운 취미와 새로운 공부를 거쳐왔지만, 그중에서도 꾸준히 해온 공부 7개를 추렸다. 음식, 언어, 자연, 예술, 사회, 퍼즐, 인체라는 주제는 내 연구 분야와는 전혀 상관없는 것들이다. 물론 자연과 인체는 생화학과 밀접한 관련이 있지만, 생화학자라고 해도 자신의 연구 분야에서 몇 발자국만 벗어나면 전혀 전문가라고 할 수 없다. 그래서 나는 이 7가지 주제에 대해서는 그저 관심이 많은 아마추어일 뿐이다. 과학자로 평생 내 연구 분야의 논문만 써왔는데, 이렇게 내 연구 분야가 아닌 주제에 대해 아마추어로서 글을 쓰려고 하니 망설여지기도 했다.

하지만 나의 경험이 누군가의 무료하고 갑갑하고 괴로운 삶을 조금이나마 풍요롭고 아름답고 즐겁게 만들 수 있다고 믿는다. 용기를 내서 쓰기 시작한 글을, 이제 드디어 당신 앞에 내어놓는다.

목차

★ 지금 바로 시작하기

세계가 실험실이 되는 순간, 아침이 즐거워진다.
4년 동안 연구해서 밝혀낸 계란을 삶는 가장 완벽한 방법부터
1년간의 김치 레시피 정량화 프로젝트까지.
공부해서 먹을 게, 그것도 맛있는 먹을 게 나온다.

언어 공부는 소설 읽듯 하면 좋다. 금세 잊어도 볼 때는 재미있고
보고 나서는 조금이라도 남은 게 있으니 시간 낭비가 아니다. 그리고 사실
까먹고 다시 공부하는 것은 중요한 걸 기억하기 위한 가장 좋은 방법이다.

★★ 알고 보는 즐거움

늘 똑같은 출퇴근길 풍경이 지겹다고? 뭘 몰라서 하는 소리!
오늘 핀 꽃은 어제 핀 꽃과 다르고, 왼쪽에 서있는 나무는 오른쪽에 서있는 나무와
다르다. 이제, 제각기 다른 나무와 꽃이 당신에게 말을 걸기 시작한다.

★

지금 바로 시작하기

"그런 거 알아서 뭐 해"라는 말은 금물이다.

배워서 먹을 것이, 그것도 맛있는 먹을 것이 나온다.

공부하고 돌아서서 까먹는 것은

공부의 정상적인 한 부분이다.

음식

매일 망치는 데는 이유가 있다

요즈음 매일 같은 메뉴로 아침을 먹는다. 옷을 갈아입자마자 부엌에 가서 가스레인지 위에 팬을 얹고, 버터를 넉넉하게 바른 식빵 두 쪽을 올린다. 버터가 녹아감에 따라 촉촉해지는 식빵을 자주 뒤집어주며 표면이 노릇해질 때까지 굽는다. 팬을 하나 더 준비해 계란 2개를 깨서 올리고 소금을 뿌린다. 계란이 지글거리며 구워지기 시작하면, 팬에 뚜껑을 덮어 윗부분도 같이 익힌다. 흰자는 다 익고 노른자는 아직 익지 않은 시점에 불을 끄고 접시에 조심스럽게 옮겨 담는다. 반숙 계란 프라이 sunny-side up다. 노릇노릇하게 구운 식빵을 접시에 담고, 프라이 팬의 여열을 이용해 햄ham 두 장을 데운다. 따뜻해진 햄을 빵 사이에 넣고 그 위에 반숙 계란 프라이를 얹어준다. 프랑스식 브런치 메뉴인 크로크 마담Croque Madame을 간단하게 변형한 내 아침 식사이다.

칼로 계란 노른자를 터뜨리고 식빵과 햄을 함께 잘라 입에 넣는다. 매일 먹는데도 맛볼 때마다 즐겁다. 노른자의 깊은 풍미와 버터에 구운 식빵의 감칠맛과 햄의 짭짤한 맛이 어우러지는 것이 일품이다. 저렴하면서도 영양이 풍부하고, 만들기 쉬우면서 맛도 훌륭한 딱 내 스타일의 음식이다.

요리에 본격적으로 관심을 가지게 된 것은 10여 년 전이다. 아내가 약사로 일하기 시작하며 아이들의 저녁을 챙기는 것이 내 책임이 되었다. 처음에는 그저 아내가 만들어둔 반찬을 전자레인지에 데워주거나 냉동식품을 간단히 조리해 주는 정도였는데, 역시나 아이들이 잘 먹지를 않았다. 사실 나도 별로 먹고 싶은 생각이 들지 않는 음식이었다.

그래서 결국 앞치마를 두르고 카레와 마파두부, 볶음밥 같이 조리법이 간단하고 아이들도 잘 먹는 음식을 만들기 시작했다. 여기에 식당에서 사 온 중국 음식과 프라이드치킨을 더하면 월화수목금 5일은 버틸 수 있었다. 그런데 이렇게 한 달쯤 먹고 나니 아이들도 나도 아내도 괴로워졌다.

이왕 앞치마를 두른 김에 요리를 배워보자 싶었다. 하나하나 시행착오도 겪으면서 기본을 배워가니 슬슬 재미가 붙었다. 김치찌개, 부대찌개, 된장찌개부터 불고기, 잡채까지 한국 음식을 생각나는 대로 시도하다가, 일본, 중국, 베트남, 태국, 이탈리

음식: 매일 망치는 데는 이유가 있다

아, 멕시코, 인도 등 전 세계를 몇 바퀴 돌았다. 당시에는 집에 있을 때는 거의 내내 부엌에서 지내며 음식을 만들거나 왜 망쳤는지, 어떻게 해야 더 맛있을지 고민했다.

그러다 보니 동네 사람들을 초대해 내가 만든 음식을 대접할 정도까지 되었다. 남자가 만든 음식에는 대부분 후한 점수를 준다. 대충 간이 맞고 먹을 만하면 다들 칭찬 일색이다. 그러다 아내들은 자기 남편 음식 못한다고 흉을 보기 시작한다. 종종 우리 아이들에게 "너희는 정말 좋겠다, 아빠가 이렇게 맛있는 음식을 매일 해주니까…"라고 말하는 이들도 있는데, 거기에 아이들이 한숨을 쉬면서 하는 말이 있다.

"저 일주일 내내 아빠가 망친 만두만 먹은 적도 있어요."

가족들에게는 미안했지만 실험실에서 잔뼈가 굵은 생화학자가 음식을 하니 그렇게 되었다. 실험실에서는 결과가 제대로 나오지 않으면 조건을 바꾸어가면서 같은 실험을 몇 주 동안 반복하는 일이 일상다반사이다. 논문으로 발표되는 멋진 결과도 알고 보면 수많은 실패를 겪으면서도 결코 좌절하지 않았던, 또는 엄청나게 좌절했다가도 다음 날 다시 실험대 앞에 섰던 과학자의 불굴의 의지가 (아니면 지도교수님의 살벌한 압박이) 없었다면 세상에 나올 수 없던 것들이다. 내 요리도 수많은 실패의 산물인 것을 가족들은 너무도 생생히 기억하고 있다.

★ 지금 바로 시작하기

아니 이게 왜 이러지

　　생화학 실험과 요리는 유사한 점이 상당히 많다. 생화학 실험은 생체분자들biomolecules, 즉 단백질 핵산 등을 가지고 하는 것이 대부분이다. 생화학자마다 연구하는 단백질의 종류는 다르지만, 단백질을 정제하고 분석할 때 공통적으로 사용하는 실험 방법이 있다. 예를 들어 단백질의 종류가 다를지라도 용액에 들어있는 단백질의 양을 측정할 때 사용하는 여러 가지 방법은 동일하게 적용 가능하다.

　　이렇듯 생체분자들을 정제하고 분석하는 다양한 방법을 프로토콜protocol이라고 하는데, 어느 생화학 실험실을 가도 이와 같은 프로토콜을 정리한 책을 여러 권 찾을 수 있다. 프로토콜을 모아놓은 책은 흥미롭게도 종종 레시피 북recipe book이라는 별명으로 불린다. 실제로 프로토콜은 정말 요리 레시피처럼 쓰여있다(다음 페이지 도표). 실험에 필요한 재료들을 쭉 나열하고, 실험 과정을 1, 2, 3의 번호를 붙여 순서대로 적어놓는다. 그 내용도 "시약 5mL에 단백질 용액 100μL을 넣어 잘 섞어준다"와 같은 식이다.

　　새로운 실험을 할 때는 사전에 레시피를 꼼꼼히 읽어 실험 도중에 문제가 생기지 않도록 철저히 준비한다. 시도하고 망치

　　　　　　음식: 매일 망치는 데는 이유가 있다

반숙 계란 프라이

재료
계란 1개, 식용유 1Tbsp, 소금 약간

순서
1. 프라이팬에 기름을 두르고 약한 불에서 예열한다.
2. 계란을 깨어 넣고 소금을 약간 뿌린다.
3. 1분 정도 지나서 뚜껑을 덮는다.
4. 흰자는 다 익고 노른자는 아직 익기 전에 불을 끄고 접시로 옮긴다.

브래드퍼드 단백질 정량법

재료
단백질 용액 100μL, 브래드퍼드 시약 5mL

순서
1. 브래드퍼드 시약 5mL에 단백질 용액 100μL을 넣어 잘 섞어 준다.
2. 상온에서 5분간 반응시킨다.
3. 반응한 용액을 분광기에 넣어 595nm에서 흡광도를 측정한다.
4. 검량선을 이용해 측정한 흡광도로부터 단백질 농도를 계산한다.

실험 프로토콜은 요리 레시피와 놀랍도록 비슷하다.

면 뭐가 잘못되었는지 곰곰이 생각한 후 다시 시도하고, 그래도 안 되면 다시 생각하고 또 시도하고…. 하여간 될 때까지 한다. 그렇게 수없이 하다 보면 눈 감고도 할 수 있을 만큼 숙련되고, 주변에서 실험 잘한다는 소리를 듣게 된다. 요리를 본격적으로 시작하기 전에도 나는 이미 20년 가까이 실험 레시피를 따라 실험을 해왔다.

또 대부분의 요리는 동식물에서 유래한 재료를 다양한 방법으로 익혀서 만드는 것인데, 이 익힌다는 것이 알고 보면 다 생화학 반응이다. 고기를 구우면 열에 의해서 고기에 있는 단백질의 구조가 망가지면서 색이 바뀌고 식감도 달라진다. 이를 생화학 용어로 변성denaturation이라고 하는데, 나는 단백질의 변성 기작mechanism을 밝히는 연구만 거의 반평생 해왔다. 물론 쇠고기나 돼지고기를 연구하지는 않았다. 대부분 생체 내에 있는 특정 단백질 한 종류만 분리해 내서 연구하지, 식용 고기를 통째로 연구하는 경우는 없다. 식품과학 또는 축산학 분야에 종사하는 이들은 이런 연구도 하겠지만.

단백질의 변성뿐만이 아니다. 탄수화물이 구워져서 노릇해지는 것, 지방이 녹아서 흘러내리는 것도 알고 보면 모두 생화학 반응이다. 우리가 먹는 식재료는 결국 모두 생체분자로 구성되어 있다. 우리는 요리 과정을 통해 그 생체분자에 다양한 생화학 반응을 일으키고, 그 결과로 변형된 생체분자를 먹고 소화시켜서 포도당이든 아미노산이든 우리 몸에 필요한 영

음식: 매일 망치는 데는 이유가 있다

양소를 얻는 것이다.

요리를 하면서 재료에 일어나는 변화는 대부분 그동안 생화학을 공부하면서 배운 생체분자들의 물리적, 화학적 특성과 생체분자들이 일으키는 반응으로 설명할 수 있었다. 누군가에게 적당히 익혀야 하는 과정이 내게는 적당한 온도와 pH와 농도를 선택해 반응속도를 조절하는 작업이었다.

요리를 뭐 그렇게까지 하냐고 생각할 수도 있지만, 실험을 오래하다 보면 실험 과정에 일어나는 일을 세심하게 관찰하는 습관이 몸에 밴다. 예상과 어긋나는 현상을 발견하고 '아니, 이게 왜 이러지?' 생각하다가 새로운 원리나 신물질을 발명한 사례는 과학사에 넘쳐난다. 독일의 물리학자 빌헬름 콘라트 뢴트겐Wilhelm Conrad Röntgen은 음극선을 연구하던 중 근처에 있던 종이가 빛나는 걸 보고 엑스레이x-ray를 발견했다. 영국의 미생물학자 알렉산더 플레밍Alexander Fleming은 미생물을 키우던 배양접시에 우연히 곰팡이가 자라면서 주위의 미생물들이 죽어 없어지는 걸 목격하고 곰팡이에서 페니실린을 추출했다. 두 과학자의 '아니, 이게 왜 이러지?'라는 질문 덕분에 인류는 의학의 발전에 지대한 역할을 한 엑스레이와 항생제를 얻을 수 있었던 것이다.

내가 박사 과정 때, 또 박사후연구 과정에서 발표한 가장 좋은 논문도 하나같이 '아니, 이게 왜 이러지?'에서 나온 결과였다. 배운 게 도둑질이라고 의도하든 의도하지 않든 이 습관이 요리에도 그대로 적용되었다.

남이 하면 맛있는데 내가 하면 맛없는 이유, 재현성과 정량화

실험하는 사람으로서 요리에 적용하게 된 또 다른 습관은 정량화였다. 연구를 할 때 같은 실험을 반복해서 시행하는 경우가 종종 있다. 재현성reproducibility을 확인하는 과정이다. 내가 논문을 발표했는데 다른 연구자가 따라 해보고 "저는 그 결과가 안 나오는데요" 하면 정말 심각한 문제가 된다. 재현성이 없는 결과는 객관적인 결과로 인정받지 못하고 버려지기 때문이다.

같은 실험을 반복할 때마다 같은 결과를 얻으려면 실험에 사용한 시약의 양과 실험 조건을 정확하게 측정하고, 기록해야만 한다. 화학과에서 학부를 했는데, 화학과 사람들은 쪼잔하다고 자조하곤 한다. 실험 조교인 선배들은 정말 쪼잔했다. 사소한 실수도 용납하지 않았고, 측정값의 오차가 크면 다시 해서 제대로 나올 때까지 집에 보내주지 않았다. 그런데 재현성

음식: 매일 망치는 데는 이유가 있다

있는 데이터를 얻기 위해서는 어쩔 수 없이 이 쪼잔함이 필요했다. 오랜 시간 이런 훈련을 받아선지, 같은 음식을 만들 때마다 맛이 달라지는 게 스트레스가 되었다. 재현성이 없기 때문이다. 그러니 맛에 영향을 주는 중요한 변수variable들은 다 찾아서 정량화해야 했다. 뒤에 이야기하겠지만, 김치 담그는 방법을 1년에 걸쳐 정량화했다. 배추의 무게를 재서 그에 따라 소금물의 양을 결정했다. 소금물의 염도가 항상 일정한 건 두말하면 잔소리이다. 어머니들이 종종 "내가 수십 년간 김치를 담가왔는데 같은 김치를 두 번 만든 적이 없어"라고 말씀하시곤 한다. 난 같은 맛이 나는 김치 여러 번 만들어봤다. 정량화를 통한 재현성을 추구하다 보면 김치마저 그렇게 된다.

아무리 생화학 실험을 오래했다고 해서 저절로 요리를 잘하게 되지는 않는다. 뭐든 새로운 것을 배울 때는 좋은 스승과 좋은 정보가 있어야 하는 건 당연지사이다. 이 2가지를 한 번에 해결해 준 것은 인터넷이었다. 인터넷이 없었다면 내가 과연 요리를 배울 수 있었을까 싶다. 게다가 한국인도 많이 살지 않는 이 인디애나주의 시골에서 말이다. 지금도 만들어보고 싶은 음식이 있으면 당연히 인터넷 검색부터 해본다.

그동안 여러 레시피를 찾아 시도하다 보니 나의 필요에 부합하고 입맛에 맞는 레시피를 모아놓은 블로그와 사이트를 알게 되었다. 한식은 거의 김진옥 님의 '요리가 좋다' 블로그에서 배웠다고 해도 과언이 아니다. 그리고 트위터 친구분들의 도움은 정말 요긴했다. 요리하다가 막히는 부분이 있거나 궁금한 내용이 있으면 트위터에 올린다. 정말 순식간에 숨어있던 고수들이 나타나 다양한 답변을 주신다. 요즈음은 나도 트위터에 요리 정보를 제공하기에 이르렀고, 나름 트위터에서 요리하는 남자로 알려지고 있다. 마지막으로, 주변에서 요리에 관심이 많은 분들을 한 분 두 분 알게 되어 기회가 될 때마다 레시피도 나누고 실패담도 나눈다. 그러다 보니 동네 아주머니들과 요리 카톡방을 만들고 심지어 요리 모임을 갖기에 이르렀다!

새로운 음식을 할 때는 항상 두세 개의 레시피를 찾아 꼼꼼히 읽고 비교한다. 레시피마다 사용하는 재료도, 걸리는 시간도 다르고 당연히 최종 결과물에도 차이가 난다. 그래서 나의 필요와 입맛에 맞을 것 같은 레시피로 골라 시도한다. 하지만 절대 서로 다른 레시피를 섞지는 않는다. 생화학 실험을 하면서 배운 나의 철칙이다. 새로운 실험을 할 때는 몇 가지 실험 프로토콜을 모아 꼼꼼히 읽고 비교하여 나에게 맞는 것으로 하나를 골라 따라 한다. 하지만 절대 여러 개의 프로토콜을 섞지는 말아야 한다. 그러면 주로 망한다.

뭐든 처음 시도할 때는 레시피를 가능한 한 충실히 따른다.

음식: 매일 망치는 데는 이유가 있다

레시피를 개선하는 건 기존 레시피의 내용을 충분히 익혀 자신이 생겼을 때 할 일이다. 그 전에 마음대로 레시피를 바꾸면 대부분 망한다. 레시피를 충실히 따르기 위해서는 시작하기 전에 처음부터 끝까지 정독하며 내용을 숙지해야 한다. 대충 1번만 보고 시작해서 1번을 끝낸 다음에야 2번을 보기 시작하면 대부분 망한다. 레시피를 미리 다 읽어보고, 다음 단계를 알고 있는 상태에서 요리에 들어가야 한다.

계량을 정확히 하는 건 기본이다. 특히 처음 시도하는 레시피는 계량을 가능한 한 철저하게 지킨다. 예상했던 결과가 나오지 않아도 계량을 정확하게 했다면 어느 부분이 문제인지 파악해서 어떻게 바꿔야 할지 알 수 있다. 레시피대로 했는데 실패했다고 하는 이들을 보면 사실 레시피와 전혀 상관없는 음식을 자유분방하게 만드는 경우가 대부분이다. 계량이 대략 난감인 것은 물론이다.

나는 하다못해 라면을 끓여도 봉지의 레시피를 보고 그대로 따라 한다. 라면마다 사용하는 물의 양이나 수프를 넣는 타이밍 같은 것이 다른 경우가 종종 있다. 이 레시피는 라면 회사에서 수많은 반복 실험을 통해 만든 것이니 일단은 정확히 따라 해줘야 그 맛을 가장 제대로 즐길 수 있다고 본다.

어느 날 짜파게티를 끓이기 전에 습관적으로 봉지 뒷면에 적힌 레시피를 읽었는데… 세상에, 짜파게티 레시피가 바뀌어 있는 것이다! 기존 레시피에는 물이 끓으면 면을 넣고 충분히 익힌 후에 물을 4Tbsp만 남겨두고 따르라고 되어있었다. 난 정말 이 기존 레시피에 불만이 많았다. 얼마만큼 따라내야 하는지를 알려주면 계량컵으로 양을 잴 수 있을 텐데, 남아있는 물의 양이 4Tbsp인지 어떻게 알 수 있단 말인가. 그래서 항상 물을 전부 따라내고 다시 4Tbsp을 계량해 냄비에 돌려보내야 했다.

그런데 새 레시피는 처음에 찬물을 350mL만 부은 후 면과 수프, 오일과 건더기를 다 넣어 그냥 끓이라는 거다(내가 여기서 구입한 짜파게티는 수출용이다). 이런 신박한 레시피라니. 따라 해보니 너무 간편하고 좋다. 면에서 나온 면수가 그대로 소스를 만드는 데 사용되니 그 또한 적절하다. 신나서 트위터에 '짜파게티 레시피가 바뀌었네요'라고 트윗을 써서 왜 새 레시피가 기존에 비해서 더 나은지 분석(?)한 글을 올렸더니 반응이 폭발적이었다. 여기저기 퍼날라지고, 통 소식이 없던 지인들에게서 짜파게티 글 봤다며 연락이 왔다. 살다 살다 내가 짜파게티로 유명해질 줄은 몰랐다.

관측과 기록으로 보존하는 최상의 맛

음식을 만들며 단계마다 재료에 어떠한 변화가 일어날지 예측하고, 또 실제로 어떠한 변화가 일어나는지를 관측한다. 이것이 나에게는 요리를 배우는 데 있어 가장 중요한 체험학습의 과정이다. 변화에는 당연하게도 맛과 향, 형태와 식감의 변화가 모두 포함된다.

일반적으로 된장국을 끓일 때는 다진 마늘을 넣는다. 하지만 일본식 미소된장국에는 다진 마늘이 들어가지 않는다. 다진 마늘을 넣으면 된장국의 맛이 어떻게 변하는지 직접 맛을 본 사람이 얼마나 될까? 의외로 된장국을 자주 끓이면서도 다진 마늘이 국의 맛에 어떤 영향을 주는지 모르는 사람이 있는 듯하다. 뭐, 그냥 마늘 맛이 나겠지 생각할 수도 있을 것이다.

처음 그 차이를 맛보았을 때의 느낌이 아직도 생생하다. 한마디로 깜짝 놀랐다. 다진 마늘이 들어가자마자 된장국의 풍미가 몇 배 진해지는 게, 요리에서 맛의 시너지synergy라는 게 이런 거구나 싶었다. 그 순간의 마늘 맛을 기억한다. 이 기억은 맛을 그리는 데 유용한 하나의 색깔로 내 팔레트 안에 들어간다. 이렇게 맛을 그리기 위한 나의 팔레트에는 하나하나 다양한 색깔이 채워져갔다.

당연한 이야기지만 요리를 하면서 쌓은 경험을 기억에만 저장해 둘 수는 없다. 실험할 때만큼은 아니지만, 기회가 될 때마다 요리하면서 배운 내용을 레시피의 형태로 기록한다. 실험할 때 기록이 얼마나 중요한지는 실험을 해서 논문을 써본 사람이라면 누구나 뼈저리게 공감할 것이다. 기록이 제대로 되어 있지 않다면 같은 결과를 재현하기 힘들다. 그렇다면 실험 결과를 논문으로 발표하는 건 포기해야 한다.

실험을 하다 보면 당시에는 중요하다고 생각하지 못했던 변수가 사실 결과에 중요한 영향을 준다는 것을 나중에 알게 되는 경우가 많다. 예를 들어 실험할 때 종종 필요한 용액이 있어서 내 것을 쓰기도 하고 옆 자리에 있는 동료 것을 쓰기도 했는데, 실험 결과가 들쑥날쑥하다. 혹시 그 용액이 문제였을까 싶어서 확인해 보니 각각의 실험에 내 것을 썼는지 동료 것을 썼는지 기록되어 있지 않다! 망한 거다. 다 다시 해야 한다.

그래서 실험 과정을 기록할 때는 일단 닥치고 적어야 한다. 중요하지 않은 줄 알고 적지 않았는데 나중에 필요하면 돌이킬 수 없다. 뭐 요리할 때 이 정도까지 하지는 않는다. 논문 쓸 건 아니니까. 하지만 잘 적어두면 그만큼 다음에 편하다. 그건 뭐 당연하다.

계란을 삶는 가장 완벽한 방법을 찾아서

생각지 못했던 변수라고 하니 계란 삶기가 떠오른다. 삶은 계란은 그냥 먹어도 맛있고, 장조림으로 만들어도 맛있는데, 계란 삶는 게 생각보다 간단하지가 않다. 일반적으로 쓰는 방법은 이렇다. 물 붓고 계란 넣고 가열하다가 끓기 시작하면 불을 줄여 10분쯤 더 익혀서 찬물에 넣고 식힌다. 아마 많은 사람이 이렇게 삶을 것이다. 나도 그랬다.

문제는 껍질을 깔 때 생긴다. 어떨 때는 잘 까지는데, 어떨 때는 정말 욕 나오게 안 까진다. 억지로 조각조각 뜯어내듯이 까다 보면 계란이 완전 너널너덜해진다. 무엇보다 이렇게 될 때도 있고 안 될 때도 있으면 나같이 재현성이 중요한 사람은 멘탈이 바스러진다. 도저히 참을 수가 없다! 도대체 왜! 어떨 때는 잘되고 어떨 때는 안 된단 말이냐!

숨겨진 변수hidden variable 때문이다. 똑같이 했다고 생각하지만 뭔가 달랐기 때문이다. 그 뭔가가 무엇인지 찾아야 했다. 물의 양일까? 냄비의 크기? 불의 세기? 계란의 개수? 식히는 방식? 생각할 수 있는 변수는 다 생각해서 일정하게 만들어 재현성이 있는지 확인해야 한다. 재현성이 확보되면 다시 그 변수 값을 하나하나 바꾸어가면서 어떤 망할 놈의 변수가 계란

껍질을 안 까지게 만드는지 찾아내야 한다. 또 그 변수가 더 이상 중요하게 작용하지 않도록 하는 방법을 발견해야 한다. 즉, 그 변수가 어떤 값을 가지든 항상 껍질이 잘 까지게 하는 결코 실패하지 않는 궁극의 방법 말이다.

실험하기 전에 우선은 충분히 찾아서 읽어야 한다. 대학원 때 교수님들이 흔히 하는 조언 중, '도서관에서의 하루로 실험실에서의 일주일을 번다'라는 것이 있다(요새는 도서관에 가지 않고 인터넷으로 거의 모든 논문을 볼 수 있지만, 그때는 도서관 가서 종이에 인쇄된 논문을 뒤져야 했다). 실험하기 전에 논문을 충분히 찾아 읽으면 누군가 이미 해놓은 연구의 결과를 발견하여 군이 내가 실험을 하지 않고도 그 답을 알 수 있는 경우가 종종 있기 때문에 나온 말이다. 그래서 계란 삶는 법에 대해 찾아 읽기 시작했다. 물에 소금과 식초를 조금씩 넣으면 도움이 된다는 글을 읽고 따라 해봤다. 확실히 도움이 된다. 그런데 실패하지 않는 궁극의 방법은 아니었다. 역시 될 때도 있고 안 될 때도 있다. 그러니 그 숨은 변수가 뭔지는 여전히 알 수 없었다.

그러던 어느 날 계란을 삶는 최선의 방법은 삶는 게 아니라 찌는 거라는 글을 읽었다. 당장 시도해 봤다. 냄비에 자작하게 물을 넣은 후 위에 찜판을 얹고 물이 끓기 시작하면 계란을 넣어 12분간 찐다. 꺼내서 찬물에 식힌 후 까보니 아주 잘 까진다. 그 뒤로 몇 차례에 걸쳐 반복했는데 할 때마다 성공이다! 이런, 숨은 변수가 뭔지 알아내기도 전에 실패하지 않는 궁극의 방법을 찾은 것일까?

하는 김에 12분만 하지 않고 6분부터 16분까지, 2분 간격으로 쪄서 노른자가 얼마나 익었는지 관찰하고 사진으로도 남겼다(다음 페이지 사진). 신나서 트위터에 '계란 삶는 가장 좋은 방법은 삶는 게 아니고 찌는 거예요'라고 글을 올렸는데 대박이 났다. 다들 이런 방법을 모르고 살았다며 난리였다. 그렇게 트윗이 널리 퍼지면 정말 많은 분이 보고 의견을 주시는데, 세상에나 그동안 인터넷을 뒤져보던 수고가 무색하게 유용한 정보가 쏟아져 들어오는 것이다. 가장 많은 분이 알려주신 정보는 '계란찜기 팔아요'였다. 난 지금까지 뭘 한 걸까….

그 뒤로도 트위터를 비롯해 여러 곳에서 얻은 정보를 바탕으로 다양한 방법을 시도했다. 그러다 보니 무려 4년간 트위터에 최초에 올린 트윗에 이어서 계속 실험(?) 내용을 정리해 올리게 되었다. 이 트윗 타래는 삶은 계란을 좋아하는 이들에게는 성지가 되었고, 네이버를 비롯한 각종 포털에도 소개되었다. 농담으로 네이버에서 내 이름을 치면 삶은 계란이 연관 검색어로 뜬다고 하기도 한다.

결론부터 말하자면 내가 결국은 그 망할 놈의 숨은 변수를

윗줄 왼쪽부터 아랫줄 오른쪽까지, 각각 6, 8, 10, 12, 14, 16분 동안 삶은 계란이다.
6분은 수란 대신 써도 되는 정도로, 깔 때 조금 힘들다. 속이 안 익어 말랑말랑한 고무공 같은 느낌
이다. 8분은 노른자가 젤리 같은 상태이고, 10분은 노른자가 입안에서 크림 같이 느껴진다. 12분은
노른자 겉은 밝은 노란색이지만 한가운데는 아직 오렌지색이다. 14분이 되니 노른자가 완전히 익어
속까지 밝은 노란색이 된다. 16분까지 삶아도 너무 익은 느낌은 없다. 14, 16분에서는 씹는 순간 노
른자가 가루가 되어 고소한 맛을 낸다.

찾았다. 놀랍게도 계란의 신선도였다. 계란이 너무 신선하면
껍질이 잘 안 까지고, 냉장고에서 1~2주를 보낸 계란은 무슨
방법을 쓰든 다 잘 까진다. 그러니 찾기 힘들 수밖에 없었다. 냉
장고에서 꺼낸 계란이 사 온 지 얼마나 되었는지 기억하는 사람
이 몇 명이나 되느냐 말이다. 물의 양, 불의 세기, 삶는 시간 등

음식: 매일 망치는 데는 이유가 있다

만 열심히 살폈지, 계란을 사 온 지 얼마 되었는지는 살필 생각 자체를 하지 못했다. 숨은 변수가 이렇게 무서운 것이다.

그런데 계란이 너무 신선하면 잘 안 까진다는 사실을 역시나 이미 많은 분들이 알고 있었다. 그래서 잘 찾아봐야 하는데…. 사실 찾아보면 다양한 (그리고 때로는 상반되는) 주장이 너무 많아서 어떤 게 정말 맞는 정보인지 구별하기 쉽지 않기는 하다. 그리고 개개인의 진술이 그다지 정량적이지 않아 썩 마음에 들지 않는 경우도 많다. 그래서 누가 뭐라고 하든 결국 스스로 체계적이고 정량적으로 검증하는 것이 필요했다. 무려 4년간 이어온 내 트윗 타래는 그 검증의 기록이다. 기나긴 검증 과정을 거쳐 찾아낸, 껍질이 잘 까지게 계란을 삶는 비결을 정리했다.

---

1. 계란을 냉장고에 1~2주 보관한 뒤 삶으면 확실히 잘 까진다. 보관 과정에서 계란 내부의 이산화탄소가 증발하면서 계란의 pH가 높아지기 때문이라는데, 정확한 메커니즘은 알려지지 않은 듯하다(검색해 보니 무려 1930년대에 나온 논문에 보관 과정에서 계란의 pH가 변한다는 보고가 있다).

★ 지금 바로 시작하기

2. 역시 계란을 삶는 것보다 찌는 것이 더 잘 까진다. 원인은 밝혀지지 않았다. 물속에 잠겨 있는 상태보다 이산화탄소의 배출이 용이할 수도 있고, 온도가 높아지며 표면에서 빠르게 pH가 증가하기 때문이 아닐까 추정할 뿐이다. 같은 원리로 압력솥에서 고온 고압으로 쪄도, 에어프라이어에서 물 없이 뜨거운 공기로 익혀도 껍질이 잘 까진다. 나는 냄비에 찌는 게 가장 익숙하고 편해 여전히 그렇게 하고 있다.

3. 그냥 물에 삶을 때는 계란과 찬물을 함께 넣어 끓이는 것보다 물이 끓고 나서 계란을 넣으면 껍질이 더 잘 까진다. 아마 급격한 온도 변화가 계란 흰자와 내막을 분리해 주는 역할을 하는 것이 아닐까 추측하고 있다. 계란을 찔 때와 에어프라이어로 익힐 때도 이와 비슷한 급격한 온도 변화가 일어나는데, 역시 껍질이 잘 까지는 데 도움을 주는 것 같다. 끓는 물에 계란을 넣고 그때부터 시간을 재면 항상 일정한 상태의 삶은 계란을 얻을 수 있는 것도 장점이다.

4. 계란을 삶기 전에 냉장고에서 꺼내 상온에 2시간 정도 두었다가 삶으면 껍질이 잘 까진다. 상온 보관이 이산화탄소의 증발을 촉진하여, 계란 전체의 pH가 변할 정

도는 아니더라도 최소한 껍질 바로 안쪽의 pH가 변해 장기 보관과 유사한 효과를 내는 것이 아닐까 추정할 뿐이다. 온도가 올라가면 액체에서 이산화탄소가 잘 빠져나간다는 걸 우리 모두 잘 알고 있다. 콜라를 상온에 두면 금방 김이 빠지는 것이 바로 온도가 올라가면 이산화탄소의 용해도가 떨어지기 때문이다. 이것이 바로 헨리의 법칙Henry's law이다. 그런데 주의할 점 하나. 세척한 뒤에 유통되는 계란을 상온에 오래 보관하면 살모넬라균salmonella이 증식할 수 있다. 그러니 삶기 위해 상온에 보관하더라도 2시간은 넘기지 말고 상온에 보관한 뒤에는 반드시 익혀 먹어야 한다. 반면에, 세척하지 않은 채 유통되는 계란은 상온 보관이 가능하다.

1년간의 김치 레시피 정량화 프로젝트

정량화 하면 생각나는 건 앞에서도 잠깐 언급했던 김치 담그기이다. 김치는 한식의 정점에 있는 음식이 아닌가 싶다. 요리 초보는 감히 도전할 엄두도 나지 않는 게 김치이다. 배추 몇 포기만 한다고 해도 도대체 어느 용기에 담아서 절여야 할지부터 막막해진다. 그러다 보니 요리를 시작하고도 오랫동안 김치는 뒤로 미루고만 있었다.

본격적으로 김치에 도전해 보겠다고 결심한 건 코로나19로 한창 재택근무를 할 때였다. 우선 인터넷과 지인을 통해 김치 레시피 여러 개를 모아 살펴봤다. 양념은 비슷비슷했다. 고춧가루와 젓갈, 마늘, 생강, 무채를 기본으로 양파, 파, 사과 등을 추가하고, 밀가루나 쌀로 쑨 풀, 설탕 등 탄수화물을 발효를 위해 넣는 식이다.

그런데 재료의 양이 대부분 배추의 포기를 기준으로 하고 있었다. 정량화와 재현성이 무척이나 중요한 나로서는 납득할 수 없었다. 배추는 포기에 따라 무게가 2배 가까이 차이 날 수도 있으니 말이다. 배추의 평균 크기에 대한 정보가 있는 것도 아니지 않는가? 배추를 절이는 방법은 더했다. 배추 포기를 쪼개서 잎 사이에 소금을 골고루 뿌려주고… 물을 부어서 짜다 싶게… 뭐 이런 식이다. 아니 골고루 얼마나? 짜면 또 얼마나? 정량화와는 거리가 멀어도 한참 멀었다.

그래서 내가 하기로 했다. 이름하여 김치 레시피 정량화 작업. 트위터에 일단 선언했다. "제가 김치 레시피를 한번 정량화해 보겠습니다"라고. 몇몇 분이 성공하면 꼭 알려달라고 응원을 보내주셨다. 그렇게 미약하게 시작한 김치 레시피 정량화 작업은 1년여가 걸렸다. 그동안 열 번 정도 김치를 담갔다. 처음에는 이 동네에서 김치를 잘 담그기로 소문난 분의 레시피를 따라 하면서, 재료 하나하나 무게와 부피를 재서 기록했다. 김치를 담근 다음에는 아내와 맛보고, 다음에 무엇을 어떻게 바꿀지 의논하며 이 내용 역시 다 기록했다. 다섯 번쯤 담그고 나니 이웃들에게 맛있다는 소리를 듣기 시작했다. 원본 레시피의 주인도 맛을 보고 자기 김치와는 분명 다른데 깔끔하고 시원한 맛이 일품이라고 인정해 주었다. 그렇게 레시피를 완성하고는 그대로 반복해서 담가 맛이 일정하게 나는지 확인했다. 일정했다. 김치 레시피 정량화 작업 완성!

트위터에 최종 결과를 공개했다. 반응은 상상 이상으로 뜨거웠다. 뭐 트윗에 적힌 레시피만으로 김치가 실제로 맛있는지 아닌지 알 수는 없겠지만, 다들 내가 정말 1년 동안 정량화 작업을 했다는 사실에 놀라는 것이었다.

김치 레시피 정량화 작업의 목적은 맛있는 김치 레시피를 만든다기보다는 누가 따라 해도 일정한 김치 맛을 낼 수 있는 정량화된 레시피를 만드는 것이었다. 레시피 정량화의 기준은 배추 무게로 정했다. 기존 레시피는 포기 단위로 되어 있는 경우가 많은데, 배추 포기마다 무게 차이가 상당하기에 정량화의 단위로는 부적절했다. 결국 재료의 양을 모두 배추 1kg을 기준으로 결정했다. 엑셀Excel에 배추 1kg에 필요한 재료의 양을 기록하고, 전체 배추 무게를 입력하면 필요한 재료의 양이 계산되도록 했다. 하지만 이렇게 재료의 양을 정량화해도 철이나 산지에 따라 배추나 무의 맛이 달라지면서 발생하는 김치 맛의 차이는 어쩔 수 없었다. 그리고 김치 담그는 데 핵심 변수 중 하나인 배추 절이는 시간은 결국 정량화하지 못했다.

배추를 절인다는 것은, 소금물을 이용해 배추에 짠맛은 넣어주고 수분은 빼는 과정이다. 처음에는 단순히 배추를 소금물에 충분히 오래 넣어두어 최적의 염도에 해당하는 평형상태에 도달하게 하면 될 거라 생각했다. 그렇게 평형상태에 도달할 때까지 배추를 절였더니 뭐 염도는 원하는 대로 적당한 상태가 되었지만, 배추 맛이 완전히 맹맹해져 버렸다. 평형상태가 될 때까지 기다렸더니 배추의 고유한 고소한 맛과 단맛이 다 빠져나간 것이다. 그때 깨달았다. 최적으로 배추를 절이기 위해서는 평형상태에 도달하기 훨씬 전에 반응을 중단하는 반응속도론적 조절kinetic control이 필요하다는 사실을.

배추를 절이는 과정에서 발생하는 확산 반응을 고려해 보자. 소금물에서 소금이 배추 내부로 이동한다. 동시에 배추 내부에서 물이 빠져나온다. 그런데 물만 빠져나오는 것이 아니고

음식: 매일 망치는 데는 이유가 있다

배추의 고소한 맛과 단맛 같은 좋은 맛도 같이 빠져나온다. 여기서 물이 빠져나오는 속도와 좋은 맛이 빠져나오는 속도가 같다면 반응속도론적 조절이 불가능하다. 물을 빼는 만큼 좋은 맛도 잃어버리기 때문이다. 하지만 물이 빠지는 속도가 좋은 맛이 빠지는 속도보다 빠르다면? 그럴 때는 좋은 맛은 최대한 보존하면서 물은 충분히 빼기 위한 적절한 시간대를 찾을 수 있다. 이게 바로 반응속도론적 조절이다.

반응속도론적 조절을 고려하여 배추를 절이는 최적의 시간을 정하기 위해 수차례 시도해 보았으나, 다양한 변수를 모두 통제할 수 없다는 결론을 내렸다. 물론 배추의 무게에 따라 물과 소금의 양은 결정할 수 있다. 하지만 재배 시기 및 배추 크기, 배추를 자르는 방식에 따라 절여지는 속도가 제법 많이 달라진다. 결국 직접 맛을 보고 결정해야 했다. 맛있게 절인 배추의 맛(적당한 탄성이 있고 적당히 짜며, 씹을 때 배추의 고소하고 단맛과 소금의 '맛'이 배어 나오는)을 기억해 둔다. 그리고 어느 정도 절여졌다 싶으면 15~20분 간격으로 계속 맛을 보고, 됐다 싶으면 바로 물에 헹궈 절이기를 끝낸다. 이 지점에서 김치를 많이 담가본 사람들의 설명할 수 없는 노하우를 인정할 수밖에 없다.

이렇게 해서 완성한 정량화된 김치 레시피이다.

재료: (배추 1kg 당, Tbsp는 테이블 스푼으로 약 15mL에 해당, tsp는 티 스푼으로 약 5mL에 해당)

(배추 절이는 소금물) 물 1L / 굵은소금 200g

(밀가루 풀) 물 60mL / 밀가루 3g

(양념) 고춧가루 50g / 까나리액젓 3Tbsp / 멸치액젓 1.5Tbsp / 새우젓 1.2tsp / 설탕 2.5Tbsp / 간 마늘 2Tbsp / 간 생강 1.5tsp / 양파 80g / 사과 25g / 쪽파 25g / 무 120g

조리 순서:

1. 배추의 무게를 달아 필요한 물과 소금의 양을 계산한다. 일단은 그 양의 반만 써서 소금물을 만든다.

   다른 레시피에 비해 소금을 많이 사용하는 이유는, 절이는 시간을 최소화하여 배추의 고유한 맛을 최대한 유지하기 위해서이다.

2. 자른 배추를 소금물에 적셔 머리가 아래로 가게 하여 20분간 담가 1차로 절인다.

   소금을 잎 사이사이에 뿌리기 위해서는 잎이 풀어져야 하기 때문이다.

3. 1차로 절인 배추를 꺼내 남은 소금을 잎 사이사이에 잘 뿌린다. 통 안에 차곡차곡 잘 쌓고 남은 물을 위에서부터 부어준다.

   난 두꺼운 비닐봉투를 써서 물을 다 붓고 나면 공기를 최대한 빼고 묶어버리는

음식: 매일 망치는 데는 이유가 있다

방법을 즐겨 사용한다. 배추가 균일하게 소금물에 잠기고, 중간에 뒤집을 수 있어 편리하다.

4. 이렇게 1~3시간 절인다.

   절이는 시간은 배추의 상태에 따라 달라진다. 대체로 겨울 배추는 오래, 여름 배추는 짧게, 큰 배추는 오래, 작은 배추는 짧게 절인다.

5. 어느 정도 절여지고 나면 15~20분 간격으로 반복해서 맛보다가, 딱 알맞은 맛이 날 때 바로 물로 헹군다.

   난 항상 세 번씩 헹군다.

6. 머리가 위로 가게 담아 물을 뺀다. 5~6시간이면 충분하다.

7. 물을 빼는 와중에 양념을 준비한다. 양파와 사과는 갈고, 쪽파는 어슷썰기 하고, 무는 채를 쳐서 준비한다. 찬물에 밀가루를 풀어 잘 저으며 풀을 쑨다. 보글거리면 불을 끄고 식힌다. 충분히 식으면 모든 재료에 부어 잘 버무려둔다.

8. 물을 뺀 배춧잎 사이에 속을 잘 넣어준다.

9. 상온에서 1~2일 동안 발효한 후 냉장고에 넣어 저온 숙성한다.

   8번 직후에 맛을 보면 약간 달게 느껴질 수 있는데, 발효를 촉진하기 위해 설탕을 충분히 넣었기 때문이다. 발효가 되고 나면 단맛이 줄고 젖산과 탄산의 맛, 즉 요구르트와 같은 상쾌한 맛과 향이 난다.

지금도 이 레시피로 김치를 담그고 있다. 역시 매번 일정한 맛이 난다. 절이는 건 여전히 쉽지 않다. 하지만 경험이 쌓이면서 점점 더 일정해지는 듯하다. 내 레시피로 따라 해보고 성공했다고 소식을 전해오는 분들도 종종 있다. 내가 과학자로 살면서 발표한 어느 연구 논문 못지않게 자랑스러운 성과이다.

결과가 맛있는 공부

요즈음에는 배추김치보다 깍두기를 더 즐겨 담근다. 어느 날 김치를 담그고 양념이 약간 남아 무를 넓적하게 잘라서 절이지도 않고 버무려두었는데, 다음 날 맛보니 의외로 맛있었다. 따로 절이지 않았으니 젓갈에서만 염분이 나온 것인데, 그렇게 짜지 않으면서도 감칠맛이 훌륭했다. 그래서 아예 작정하고 내 방식의 깍두기를 담가봤다. 레시피는 김치 레시피에서 쪽파와 무채만 빼고 나머지는 똑같다. 역시 무의 무게를 재서 필요한 만큼 양념을 만들고 버무려 완성한다. 상온에서 하루나 이틀 정도 보관하면서 아침저녁으로 맛을 보아 무에 간이 배었다 싶으면 김치냉장고에 넣는다. 절일 필요가 없어서 배추김치에 비해 너무 쉽게 뚝딱 만들 수 있다. 이웃들에게도 나눠주곤

하는데, 레시피 달라는 분이 여럿이다.

지난여름에 한국에서 부모님이 오셨는데, 어머니가 내가 깍두기 만드는 걸 보고 절이지 않고 하냐며 영 못 미더워하셨다. 그런데 막상 결과를 맛보고는 무척 신기해하며, 한국에 돌아가 절이지 않고 담근 깍두기 사진을 보내주셨다.

깍두기를 이렇게 담그면 무에서 물이 나와 깍두기 국물이 제법 생기는데, 숟가락으로 막 떠먹을 만큼 맛이 좋다. 이 국물로 뭘 할 수 있을까 궁리하다가 기발한 아이디어가 떠올랐다. 바로 무말랭이를 이 깍두기 국물에 버무리는 것이다. 무에서 나온 물을 다시 무에 집어넣는 듣도 보도 못한 조리법인데, 이렇게 만든 무말랭이가 또 맛이 기가 막히게 좋다. 어머니도 맛보고는 눈이 동그래졌다. 결국 요리 경력 50년이 넘는 어머니께 깍두기와 무말랭이로 인정받았다.

그동안 만들어본 음식이 몇 가지나 될까? 정확하게는 모르지만 100가지는 거뜬히 넘을 것 같다. 다만 그중에 꾸준히 만드는 음식은 몇 가지 되지 않는다. 요리 좋아하는 분들이 많이들 하는 이야기이다. 시도해 본 음식은 많은데 남는 음식은 얼마 되지 않는다고. 가족들이 그다지 즐기지 않아서일 수도 있고, 만들기가 번거롭거나 재료 구하기가 쉽지 않아서일 수도 있다. 지금도 꾸준히 만들고 손님 접대에도 사용하는 메뉴를 생각해 보면, 다 쉽게 구할 수 있는 재료로 만들었지만 누구나 즐길 수 있는 무난한 것들이다.

겨우 몇 가지를 건지기 위해 그 많은 음식을 만들었나 싶기도 하지만, 음식들을 하나하나 만들었던 경험은 참으로 소중하다. 다양한 조리법과 여러 가지 재료의 특성을 익힐 수 있었다. 여러 문화권의 다양한 음식을 배우고 만들며 맛의 상상력을 마음껏 발휘해 볼 수도 있었다. 이 모든 경험을 바탕으로 최상의 상태로 식빵을 굽고 최상의 상태로 계란을 익혀 너무도 수수하지만 매일 먹어도 맛있는 아침 식사를 만든다. 이렇게 가치 있는 배움이 있을까? 배워서 먹을 게, 그것도 맛있는 먹을 게 나왔으니 말이다.

맛: 저해상도 미각과 고해상도 후각의 협주

음식을 만들다 보니 어떤 음식이 맛있는 음식인가라는 심오한(?) 질문을 하게 되었다. 왜 어떤 음식은 맛이 있고 어떤 음식은 맛이 없는 것일까? 그러다 보니 더 근원적으로 들어가서 도대체 맛이란 무엇일까, 라는 질문도 하게 되었다.

사람은 입으로 들어가는 것이 뭐든 그 맛을 보게 되어있다. 혀에 분포한 신경세포에는 맛을 보는 역할을 하는 수용체 receptor가 존재한다. 이 수용체는 세포막에 존재하는 단백질 분자인데, 특정 화학물질들이 결합하면 신경세포를 활성화해 뇌에 신호를 전달하게 한다. 그런데 혀에 존재하는 맛을 보는 수용체는 사실 몇 가지 되지 않는다. 단맛, 신맛, 짠맛, 감칠맛을 감지하는 수용체가 각각 1가지씩, 그리고 쓴맛을 감지하는 수용체가 30여 가지 존재한다. 그래서 결국 5가지 맛만 느낄 수 있다. 아니, 겨우 5가지라고? 의아하지 않을 수 없다. 딸기에는 단맛과 신맛 말고 딸기 맛도 있는데, 그건 어떻게 느끼느냐 말이다. 설마 짠맛과 쓴맛, 감칠맛이 적당히 섞여 딸기 맛이 되는 것일까?

그렇지는 않다. 정답은 맛이 아닌 향에 있다. 우리 코에는 무려 400여 개의 향을 감지하는 수용체가 분포해 있다. 그리고 이 수용체들은 맛을 보는 수용체들에 비해 훨씬 더 민감하게 작용한다. 음식을 입에 넣고 씹는 과정에서 우리가 의도하든 의도하지 않든 음식에 존재하는 다양한 분자가 공기 중으로 퍼져서 후각을 자극하고, 뇌는 400여 개의 후각 수용체가 보내오는 정보를 처리한다. 딸기 맛이라는 게 실은 딸기 냄새였다. 음식은 겨우 5가지의 저해상도 미각과 화려한 오케스트라 연주와 같은 고해상도 후각을 통해 즐기는 예술 작품이다.

미각과 후각 외에도 우리가 맛이라고 인지하는 것이 물론 더 있다. 매운맛은 실은 열을 감지하는 수용체에 매운맛 성분이 결합해 뜨겁게 느껴지는 것이고, 떫은맛은 혀나 입천장에 흡착된 성분들이 촉감에 변화를 주는 것이다. 식감도 빼놓을 수 없는 맛의 핵심이다. 국수는 쫄깃하고 탱글탱글해야 하고 고기는 부드럽고 야들야들해야 제'맛'이니 말이다. 거기에 군침 돌게 하는 비주얼도 맛이라면 맛일 것이다. 이 다양한 감각을 통해 음식 맛을 예민하게 감지해 내는 '분석 기술'이야말로 맛있는 음식을 만들기 위한 기본 중의 기본이 아닐까 싶다.

맛의 세계를 탐험하며 상상해 보는 맛의 기원

도대체 인간은 왜 이리 복잡다단한 방법으로 입에 들어가는 음식물을 '분석'하고 까다롭게 굴까? 생물학적으로 생각해 보면, 결국 이러한 까다로움이 생존에 유리하게 작용했을 것이라는 진화론적인 가설을 떠올릴 수 있다. 우선 5가지 미각은 영양소와 독소를 구분하는 가장 단순한 수단을 제공한다. 단맛은 당연하게도 음식물에 존재하는 당sugar의 여부를 확인한다. 당은 탄수화물의 기본단위이고, 탄수화물은 우리가 열량calories

을 얻는 주 영양소이기에, 음식에서 단맛을 느끼는 것은 열량이 있는 음식물을 찾기 위한 기본적인 기능이다. 짠맛은 나트륨 이온sodium ion을 찾기 위한 수단이다. 나트륨은 우리 몸에 필수적인 이온이다. 물론 요새는 너무 많이 먹어서 문제가 되기는 하지만, 자연에서는 바닷가가 아닌 이상 나트륨 찾기가 그리 쉽지 않다. 그래서 이 나트륨을 감지하는 기능을 갖추고, 뭐든 간이 맞아야 맛있게 느끼게 된 것이다.

신맛은 수소 이온 농도pH를 감지하는 기능이다. 신맛을 느끼는 게 왜 생존에 중요했을지는 솔직히 잘 모르겠다. 신맛이 나는 음식을 꼭 먹어야 할 필요도, 피해야 할 이유도 없는 것 같다. 상상력을 동원해 보자면, 과일을 찾아 먹기 위한 기능이 아닐까 싶다. 동물성 식재료에서 신맛이 나는 경우는 거의 없다. 반면 과일에는 유기산이 풍부해서 새콤한 맛을 내는 것이 많다. 동물이 과일을 먹고 열매를 맺은 식물의 씨를 퍼뜨리는 경우는 아주 흔하다. 그렇다면 사람은 물론 동물도 과일의 신맛을 좋아하게 된 것은 일종의 공동진화coevolution의 결과일 가능성이 있다. 동물은 과일에서 열량은 물론 다양한 비타민vitamin을 얻기도 하니 말이다.

감칠맛savory taste은 아미노산을 찾기 위한 수단이다. 우리 몸에 필요한 단백질은 20개의 아미노산amino acid을 재료로 하여 만들어진다. 그런데 우리 몸이 직접 충분히 만들 수 있는 아미노산은 얼마 되지 않는다. 대부분의 아미노산은 음식에서 얻어야 하는 필수아미노산essential amino acid으로, 살기 위해서는 꼭 섭취해야 한다. 우리 혀에는 이 20개의 아미노산 중 딱 1가지, 글루탐산glutamic acid에 반응하는 수용체가 있다. 글루탐산은 20개의 아미노산 중 생체 내에 가장 풍부한 아미노산이다. 역시 말이 된다. 굳이 20개의 아미노산을 하나하나 다 검사하지 않고, 그중 대표적으로 글루탐산 하나만 검사하는 기능을 갖추고, 음식에 글루탐산이 풍부하면 맛있다고 느끼는 것이다. 그러다 보니 우리는 글루탐산이 풍부한 멸치나 다시마를 이용해 국물을 내고, 젓갈로 김치를 담그고, 또 서양에서는 글루탐산이 풍부한 치즈를 요리에 흔히 쓰게 되었다. 이 글루탐산을 나트륨과 함께 결정으로 만든 것이 바로 우리가 흔히 MSG라는 약칭으로 부르는 조미료, 글루탐산나트륨monosodium glutamate 이다.

100년도 전에 이 감칠맛의 원인이 글루탐산이라고 처음 밝힌 과학자가 있었다. 일본 화학자 이케다 기쿠나에池田菊苗가 1908년 일본화학회지에 논문으로 발표한 것이 한참 뒤에서야 국제 학계에서 인정받았다. 이케다는 감칠맛에 우마미umami라는 이름을 붙였고, 이 단어가 지금도 감칠맛을 일컫는 정식 학술 용어로 쓰이고 있다.

마지막으로 쓴맛! 물론 음식물에 함유된 적절한 쓴맛을 즐기는 경우도 있기는 하지만, 본능적으로 우리는 쓰면 뱉게 되어 있다. 왜? 우리는 독성이 있는 물질을 쓰게 느끼도록 진화했기 때문이다. 다른 맛을 담당하는 수용체가 1가지씩인 데 반해 쓴맛을 담당하는 수용체가 30여 종이라는 것도 우리가 다양한 화합물에서 쓴맛을 잘 느낄 수 있도록 진화했다는 것을 보여준다.

쓴맛이 나는 대표적인 화합물로 흔히 식물이 만드는 알칼로이드alkaloid가 있다. 종종 알칼로이드에 해당하는 물질은 독성을 가지고 있고, 우리는 이 알칼로이드를 쓰게 느껴 피하게 된다. 식물이 알칼로이드를 만드는 이유는 동물에게 좋은 먹잇감이 되는 걸 피하기 위해서일 것이다. 이에 대응하여 동물은 맛으로 이 독성물질을 구별해 내는 능력을 얻어 살아남았을 테고. 역시 공동진화의 예로 보인다.

그래서 음식에서 나는 쓴맛은 조심스럽다. 은은한 쓴맛이 음식의 맛을 살리는 경우도 있겠지만, 대부분 쓴맛은 음식 맛을 망친다. 쓴맛이 나는 독성물질을 피해서 살아남은 우리의 본성 때문이니 굳이 쓴맛과 친해지려고 할 이유도 없다. 쓴맛이 음식 맛을 해친다면 단맛으로 막을 수 있다. 된장찌개에서

쌉쌀한 맛이 난다면 꿀 반 숟가락을 넣어보길 권한다. 그 정도로 된장찌개가 달아지지는 않지만 쓴맛은 확 줄어든다. 효과를 봤다면, 맛의 그림을 그릴 팔레트에 하나의 색으로 소중히 담아주시길 바란다.

2장

언어

돌아서면 까먹는 것을
두려워하지 말아야 하는 이유

어쩌다 보니 미국에서 수십 년간 살게 되었고, 퍼듀대학교 Purdue University 약학대학 교수가 되어 영어로 강의하고 영어로 논문 쓰고 영어로 회의하는 게 직업이 되었다. 미국에 오기 전과는 비교할 수 없을 정도로 영어가 늘었다. 하지만 영어는 아직도 힘들다. 여전히 영어로 된 글보다 한글로 된 글이 읽기 더 편하고, 영어보다 한국어로 수다 떠는 게 더 재미있다.

안타깝지만 영어는 여전히 내게 외국어이다. 문장이 조금만 길어지고 복잡해져도 머릿속이 바빠진다. 내용을 생각하는 와중에 적당한 단어도 찾아야 하고 문법도 따져야 하고…. 그러다 보니 실수도 많다. 그동안 영어 실수한 것들 생각하면 지금도 자다가 이불 찬다(사실 이러지 않아야 더 잘 배우는데 사람 성격이 쉽게 고쳐지지는 않는다). 그래서 아직도 기회가 될 때마다 배운다. 새로운 단어도 외우고, 잘못 알고 있던 용법도 바로 잡고, 애매하던 발음도 교정한다. 외국어로 일해야 하니 시시때때로 익히는 것이 일상의 한 부분이 되었다.

순전한 호기심으로 배운 이탈리아어

해도 해도 한계가 느껴지는 영어 때문이었을까? 언젠가부터 영어가 아닌 다른 언어를 들여다보는 데 관심이 생겼다. 이탈리아어가 그 시초였다. 클래식 음악에 빠져있던 시기, 서정적인 선율이 흐르는 아름다운 독창곡인 아리아 명곡을 즐겨 들었는데 가사가 대부분 이탈리아어로 되어있다. 이탈리아가 클래식 음악의 원조 격이다 보니 많은 초창기 오페라는 이탈리아 작곡가들이 이탈리아어로 만든 것이기 때문이다. 그렇게 아리아를 자주 들으면서 의미도 모르고 가사를 따라 불렀는데, 이탈리아어가 참 아름다웠다.

그러던 어느 날, 아이들을 데리고 동네 도서관에 갔다가 신간 코너에서 기초 이탈리아어 교재를 발견했다. 그냥 이 기회에 이탈리아어를 한번 공부해 볼까 싶어서 대출했다. 사서가 "이탈리아로 여행 가세요?"라고 묻길래 "아뇨, 그냥 궁금해서요"라고만 답했다.

그리고 매일 저녁 조금씩 교재를 읽어나갔다. 이런 식의 외국어 공부는 처음이었다. 그러니까 시험을 보거나 필요에 의해서가 아니라 순전히 호기심에 외국어를 공부하는 것 말이다. 굳이 외우려고 애쓰지 않아도 되니 외국어를 배우는 게 괴롭지 않았다.

그리고 유럽 언어가 대개 그렇듯, 이탈리아어도 영어와 어원이 겹치는 경우가 많다(영어에 그만큼 라틴어에서 유래한 단어가 많다는 말이겠지). 이를테면 신용카드는 영어로 크레디트 카드credit card이고, 이탈리아어로는 카르타 디 크레디토carta di credito이다. 이와 같이 비슷한 단어는 금방 눈에 들어온다. 게다가 이탈리아어는 영어와 같은 문자를 쓴다! 새로운 문자 체계를 배우는 것은 새로운 언어를 배울 때 상당한 진입 장벽이 되는 데 말이다. 이미 알고 있는 문자 체계를 사용하니, 발음도 상당히 빨리 배울 수 있다. 사실 영어 외의 이탈리아어를 포함한 대부분의 유럽 언어는 규칙만 알면 스펠링 그대로 읽으면 된다. 이탈리아어는 며칠만 연습하면 읽는 데 큰 문제가 없다. 발음이야 어눌하겠지만 말이다.

그렇게 3개월 동안 책을 다 읽고 반납했다. 이탈리아어의 기본적인 문장구조 및 동사 변화, 대명사와 전치사, 기초 표현들을 공부했는데 곧 다 잊어버렸다. 쓰지 않으니 당연하다. 고등학교 때 제2외국어로 3년간 공부한 독일어도 der, des, dem, den의 정관사 변화표 말고는 기억나는 게 별로 없으니 말이다. 그래도 이탈리아어 문장을 보면 이탈리아어라는 걸 금방 알아볼 수는 있다. 주어와 동사가 무엇인지도 구분되고, 영어와 비슷한 단어는 대략적으로나마 의미를 찍어볼 수 있다.

3개월이나 시간을 들였는데 대부분 잊어서 섭섭할까? 전혀 그렇지 않다. 다들 그동안 본 소설이나 영화 내용을 대부분 잊었을 것이다. 그렇다고 해서 잊어서 섭섭하다고, 괜히 봤다고 하는 사람은 본 적이 없다. 볼 때는 재미있고 보고 나서는 조금이라도 남은 게 있을 테니 시간 낭비가 아니다. 내게는 이탈리아어도 마찬가지이다. 모르던 언어가 어떻게 생겼는지 구경하는 게 재미있었고, 이제는 어디서든 그 언어가 보이면 반갑게 알아볼 수 있는 것만으로 충분하다. 'Zuppa di Pesce e Frutti di Mare'라는 이탈리아 음식 이름을 들으면 zuppa는 수프, pesce는 생선, frutti di mare는 해산물이니 생선과 해산물로 만든 수프라는 걸 알아볼 수 있고, 악보에 poco a poco라고 표시된 것을 보면 쪼끔씩 쪼끔씩 느낌이 와서 좋다(포코 아 포코 poco a poco는 연주법을 조금씩 변화시킬 때 쓰는 음악 용어로, poco는 적거나 작은 것을 지칭한다). 몇 년 뒤에 우연히 작가 엘리자베스 길버트Elizabeth Gilbert의 회상록memoir인《먹고 기도하고 사랑하라》를 읽는데, 삶의 의욕을 상실한 작가가 어느 날 아무 이유 없이 그냥 외국어를 공부하고 싶다는 생각이 들어 이탈리아어 공부를 시작한다. 아니 어쩌다가 나처럼 별다른 이유 없이 외국어를 공부한 게 마침 이탈리아어라니…. 이와 같은 우연이 참 신기하면서도 또 그의 심정이 너무도 공감되었다. 그런데 그냥 몇 달 공부하고 접어버린 나와는 달리, 이 작가는 그 후 무작정 이탈리아로 장기간 여행을 떠나버린다. 얼마나 부러웠던지….

일본 드라마 대사 따라 하다가 배운 일본어

한창 일본 드라마에 빠졌던 때가 있었다. 친구의 추천으로 〈노다메 칸타빌레〉를 보기 시작했는데, 만화 같은 경쾌함에 매료되었다. 게다가 내가 좋아하는 클래식 음악까지 같이 즐길 수 있다니, 좋아하지 않을 수 없었다. 그 뒤에 본 〈트릭〉은 과학으로 괴기스러운 속임수를 타파하는 내용이 딱 내 취향이었다. 다음으로는 〈라이어 게임〉. 신선한 소재와 치밀한 두뇌 싸움에 탄성이 절로 나왔다. 밤새우면서 보고 또 봤다. 일본 드라마의 다양성에 감탄하지 않을 수 없었다.

그렇게 일본 드라마에 심취해 몇 달을 지내다 보니, 기본

적인 단어들이 들려왔다. 반복해서 들리는 표현은 한글 자막의 도움을 받아 저절로 알게 되었다. 그래서 내친김에 노트를 하나 만들어서 적기로 했다. 대학교에 다닐 때 잠시 공부했던 히라가나와 가타카나 복습도 하면서 말이다. 本当に?(정말?), だいじょうぶ?(괜찮아?), よかった(다행이다)같이 기초적인 말부터 적다 보니 분량이 제법 되었다. 그러다 보니 단어뿐만 아니라 짧은 문장도 들리기 시작하는 것이다. 〈내 사랑 사쿠라코〉에 "男はお金より心ですよね(남자는 돈보다 마음이죠)"라는 대사가 나왔는데, 한 번에 알아듣고 얼마나 뿌듯했는지 모른다.

그런데 드라마 대사를 따라 하면서 일본어를 배우는 것에는 위험 요소가 있다는 사실을 곧 알게 되었다. 당시 같은 대학에 근무하는 일본인 교수와 공동연구를 하고 있었는데, 가끔 만나서 같이 점심을 먹을 때 연습 삼아 조금씩 일본어를 섞어 사용했다. 그도 재미있어하며 이런저런 일본어 단어나 일본의 관습에 대해 알려주기도 했다.

그러던 어느 날, 공동연구 미팅에 내가 조금 늦었을 때의 일이다. 회의실에 들어가 그 옆에 앉아 작은 목소리로 "遅くなってごめん(늦어서 미안)"이라고 했는데, 그만 빵 터지는 것이다. 다들 무슨 일인가 어리둥절해하니 그가 회의를 잠시 중단시켰다. 내가 잘못 말했냐고 했더니 아니라고 말은 맞다고, 그

런데 어디서 배웠냐고 물었다. 그래서 드라마에서 배웠다 했더니 누가 어떤 상황에서 쓴 말이냐고 다시 묻는 것이다. 생각해 보니 여자 주인공이 데이트에 늦었을 때 남자 친구에게 한 말이었다. 설명을 듣자 교수는 그래서 웃었다고 미안하다고 하면서, 일본어는 남자 말투와 여자 말투에 차이가 있는데, 네가 한 그 말은 딱 여친이 남친한테 애교 부리는 말투였다고 알려주는 게 아닌가! 아흑….

일본어에 얽힌 또 한 번의 아픈 기억이 있다. 일본을 처음 방문했을 때의 비행기에서였다. 기본적인 일본어를 주워들은 뒤에 가는 길이라, 본토에서 원어민의 일본어를 경험할 수 있다는 기대에 잔뜩 부풀어 있었다. 스튜어디스가 다가와 영어로 무슨 음료를 드시겠냐고 질문하기에, 자신 있게 일본어로 "お茶ください(녹차 주세요)"라고 대답했다. 그랬더니 한참 일본어로 뭐라고 되묻는 것이다. 답을 기다리고 있는 스튜어디스를 멍하니 쳐다보다 결국 "Green tea, please(녹차 주세요)"라고 다시 영어로 말했다. 스튜어디스가 웃음을 참으며 "Hot or cold?(뜨거운 것으로 드릴까요, 차가운 것으로 드릴까요?)"라고 물었다. 아… 그 말이었던 것이다.

일본어로 하는 답을 알아들을 자신이 전혀 없었기에 일본에서 묵는 동안 음식 이름이나 지명 외에는 일본어를 전혀 사용하지 않았다. 그냥 자신 있게 영어로 묻고 답했다. 그런데 호텔에서든 식당에서든 영어로 물으면 서툰 영어로 답하면서 무척 미안해했다. 도리어 영어로 이야기하는 내가 미안해질 정도였다. 사실 능숙한 모국어를 놔두고 서툰 상대의 언어로 말하는 건 엄청난 배려이다. 전혀 미안할 일이 아니다. 일본에 와서 일본어가 아닌 영어를 쓰는 내가 더 미안해해야 하는 게 아닐까. 그런데 영어가 세계어다 보니 영어를 못하는 게 미안한 일이 되어버렸다.

잊는 것을 두려워할 필요 없는 뇌과학적 근거

캐나다 몬트리올로 학회를 간 적이 있었다. 머무른 시간은 일주일도 채 되지 않았지만, 나는 몬트리올이라는 도시에 폭 빠져버렸다. 학회 일정만 마치면 도시로 나가 이곳저곳을 구경했다. 도시를 종횡무진하며 상점도 구경하고 사람들도 구경하고 경치도 구경하고 했는데, 풍경이 아기자기하게 예쁘고 음식도 맛있고 사람들도 친절하고 여러모로 마음에 쏙 들었다.

게다가 사람들이 프랑스어를 쓴다! 미국에서 멀지도 않은 캐나다 도시인데 언어가 다르니 무척이나 이국적으로 느껴졌다. 물론 캐나다는 외국이지만, 영어를 쓰는 지역에서는 미국에 있을 때와 크게 다른 점을 느끼지 못한다. 그런데 몬트리올은 달랐다. 프랑스어를 쓴다는 언어의 차이가 무척 신선하게 다가왔다. 그렇다고 프랑스어를 모른다고 해서 불편한 점이 있는 것도 아니었다. 식당이든 상점이든, 어디를 가도 사람들이 영어도 완벽하게 했다. 말 그대로 도시 자체가 이중 언어를 구사하는 곳이었다. 얼마나 신기했던지….

며칠 동안 몬트리올을 다니며 프랑스어로 된 광고판과 메뉴, 안내 방송을 접하니 자연스럽게 프랑스어 단어를 조금씩 배우게 되었다. 모르는 단어가 나오면 호기심이 생겨 구글 번역기를 써서 찾아봤다. 영어와 이탈리아어를 접한 뒤라 그런지 단어들이 낯설지 않았다. 아는 단어가 늘어날수록 배우고 싶은 마음도 점점 더 커졌다. 프랑스어와 이탈리아어, 스페인어는 같은 로망스어Romance languages 계열의 언어로 상당히 비슷하다. 심지어 이탈리아 사람과 스페인 사람은 간단한 의사소통은 할 수 있을 정도라고 한다.

결국 여행을 마치고 돌아와 프랑스어를 공부하기 시작했다. 이번에는 책이 아니라 멤라이즈Memrise라는 애플리케이션으로 공부해 보기로 했다. 매일 저녁 조금씩 멤라이즈의 과정을 따라 했는데, 의외로 부담 없이 술술 진도가 나갔다. 그렇게 한 3개월간 재미있게 프랑스어 공부를 했다. 그리고 역시 이탈리아어처럼 대부분 잊어버렸다.

어차피 다 잊어버릴 걸 뭘 그렇게 공부했을까? 우리는 뭐든 처음 접한 건 금세 잊어버린다. 잊어버리는 건 두뇌가 작동하는 기본적인 방식이지, 내 기억력에 문제가 있어서 그런 게 절대 아니다. 잊는 속도에 개인차는 있겠지만 결국 다 잊게 되는 건 모두가 똑같다. 그러니 잊었다고 자책할 필요 없다.

무엇보다 잊어버리는 것도 학습의 과정이다. 여기에는 과학적인 근거가 있다. 기억이란 뇌세포가 서로 연결될 때 형성된다. 뇌세포와 같은 신경세포는 다른 신경세포와 시냅스synapse라는 접점을 만들면서 서로 연결된다. 그래서 한 신경세포가 흥분하면 연결된 신경세포들이 따라서 흥분하는 방식으로 작동한다. 그런데 이 연결의 강도가 학습의 빈도에 따라 달라진다. 우리가 무언가를 반복해서 경험하면 그와 관련된 사고 작용을 하는 뇌세포들 사이의 연결이 점점 강해진다. 처음 접해 연결이 약할 때는 쉽게 잊어버리지만, 반복을 통해 연결이 강해지면 좀처럼 잊지 않게 되는 것이다. 일회적인 사건은 중요하지 않을 테니 잊어버리고 반복되는 사건은 중요할 테니 잊지 않으려는 우리 뇌의 탁월한 선택 과정이다.

그렇다면 잘 기억하기 위해서는 뇌가 반복해서 경험하도록 해줘야 하는데, 이것이 바로 배운 걸 복습하는 과정이다. 복습할 때마다 뇌세포 사이의 연결이 강해지고 더 오래 기억할 수 있게 된다. 그런데, (이게 중요하다) 무언가를 배운 뒤에 바로 복습을 하면 연결 강도에 그다지 변화가 없다. 시간이 조금 지나서 복습을 해야 연결이 확실히 강해진다. 공부를 했는데 며칠 지났더니 기억이 가물가물하다? 다시 보고 연결을 강화할 때가 된 것이다. 그러면 처음 공부했을 때보다 기억이 확실히 더 오래간다.

그래서 잊는 걸 괴로워할 필요가 없다. 두 번째 볼 때 기억이 더 강화될 테니, 처음 본 게 결코 헛수고가 아니다. 처음이 있었기에 두 번째가 있는 것이다. 잊었다면 자책할 것이 아니라 다시 보고 기억을 강화할 적기가 되었다고 생각하며 기뻐해야 한다. 학습學習이라는 단어는 너무도 유명한 《논어》의 첫 문장에서 왔다고 한다.

학이시습지 불역열호學而時習之 不亦說乎
배우고 때때로 익히는 일이 즐겁지 아니한가!

공자는 감격에 차서 이 문장을 적었으리라. 지식을 향유하

는 방식에 배움學만 있어서는 안 되고 반복되는 익힘習도 있어야 한다는 것을 공자는 너무도 잘 알고 있었다.

언어 실력보다 중요한 언어 태도

2022년이 되어서야 처음으로 아내와 프랑스로 여행을 다녀왔다. 미국에서 오래 살았지만 유럽에는 한 번도 가지 않았다. 다른 교수들은 학회에 참석하기 위해서라도 유럽에 종종 가는데, 내 전공 분야의 학회는 항상 미국에서 열리는 것이 주 학회여서 굳이 유럽 학회를 찾아갈 이유가 없었다.

처음으로 가는 유럽, 그것도 프랑스라니 참 즐거웠다. 어느 도시를 가든 역사가 살아있는 듯한 느낌이랄까? 작은 마을까지 예전 모습을 잘 보존해 두어 연신 감탄할 수밖에 없었다. 일정이 짧아 박물관을 몇 군데 가지 못했는데도 책으로만 보았던 명화와 조각 작품을 도처에서 볼 수 있었다. 음식은 말할 것도 없었다. 지나가다 샌드위치만 사 먹어도 맛있고 호텔에서 아침으로 주는 크루아상과 버터의 맛도 감동적이었다.

모처럼 프랑스어를 접하게 된 것도 즐거웠다. 다 잊어버렸다고 생각했는데 가서 보고 들으니 또 조금씩 생각이 났다. 몬트리올에 갔을 때처럼 광고든 메뉴든 안내문이든 열심히 들여다봤지만, 식당이든 상점이든 말은 영어로 했다. 프랑스어로 이야기할 실력이 안 되기도 했지만 일본행 비행기에서 망신당했던 경험도 있어서, 음식 이름 말할 때 빼고는 시도도 하지 않게 된 것이다. 프랑스에 가서 영어를 사용하면 프랑스 사람들이 싫어하면서 불친절하게 대한다는 말이 있었는데, 웬걸 다들 친절하게 대해주었다. 가이드가 최근에 분위기가 많이 달라졌다고 일러주었다. 특히 코로나19가 터지고 관광객이 끊기니 경기가 침체되어서 다들 힘들었는데, 다시 관광객이 들어오니 프랑스어를 할 줄 알든 모르든 그저 환영한다고 했다. 심지어 어느 시골 식당에 들어가 주문을 하는데 직원이 영어를 못한다면서 우리에게 너무도 미안해하는 거다. 아니 어쩌다가 프랑스마저 영어 못하는 걸 미안해하는 나라가 된 것일까? 소문으로만 알고 있던 그 프랑스가 아니었다.

그래도 식당이나 상점에 들어갈 때 인사말 정도는 프랑스어로 하는 것이 좋다는 게 가이드의 조언이었다. 처음 만나서 프랑스어로 인사를 하느냐 하지 않느냐에 따라 고객을 대하는 태도에 차이가 있을 수 있다고 했다. 아무리 프랑스어를 못해도 프랑스어로 인사 정도는 할 정성이 있는지 아닌지를 본다는 말이겠지. 그런데 정말 그렇게 해보니 기분인지는 몰라도 다들 대하는 표정부터가 다른 듯했다.

덕분에 여행을 마치고 돌아올 때쯤에는 Bonjour(안녕하세요), Merci(감사합니다), Au revoir(안녕히 계세요) 정도의 기본적인 인사말은 아주 자연스럽게 하게 되었다. 이렇게 다른 문화를 접하고 그 문화에 속한 사람들을 상대하는 기본적인 프로토콜을 배우는 건 정말 유용하다. 프로토콜이란 원활한 의사소통을 위해 마련한 규정이다. 외교에는 외교 프로토콜이 있고, 컴퓨터 통신에는 통신 프로토콜이 있다. 우리는 공적이든 사적이든 용건이 있어서 어떤 사람에게 접근할 때는 그 문화권의 고유한 프로토콜을 따른다. 한국 사회에도, 미국 사회에도 각자 고유한 프로토콜이 있다.

익숙한 문화권에서는 의식하지 않아도 자연스럽게 프로토콜을 따를 수 있다. 문제는 외국에 갈 때 발생한다. 그 나라 문화에 익숙하지 않고 언어까지 서툴다 보니 의도치 않게 프로토콜을 무시하게 되는 것이다. 그러다 보면 내 의사가 아니었는데도 상대방에게는 무례하게 비칠 수도 있다. 프랑스에서는 'Bonjour'라고 인사를 하는 것이 가장 기본적인 프로토콜인 셈이었다. 프랑스어를 못해도, 프랑스 문화를 잘 몰라도 'Bonjour'만 적절히 하면 경계심을 어느 정도 낮출 수 있다. 이렇게 상대의 언어를 배울 때는 상대의 프로토콜을 같이 배울 필요가 있다. 사실 언어와 프로토콜은 완전히 분리하기도 어렵다. 아무리 문법에 맞는 말이라도 그 문화권에서 쓰지 않는 표현을 만들어 말하면 상대가 좀처럼 알아듣지 못한다. 그 문화권에서 흔히 사용하는 표현, 즉 프로토콜에 맞는 표현을 사용하면 발음이 좀 엉망이라도 귀신같이 잘 알아듣는다. 그래서 프로토콜을 배우고 문화를 이해하려는 마음을 가지고 상대의 언어를 사용할 때는 표현은 서툴지라도 따뜻하게 느껴진다. 서툴지만 자신 있게 다가갈 수 있음은 물론이다.

외국어 공부의 제1법칙: 게임하듯 꾸준히 한다

프랑스 여행을 다녀오니 역시나 프랑스어 공부를 다시 해보고 싶다는 바람이 세차게 불었다. 이번에도 책이 아니라 듀오링고Duolingo라는 애플리케이션으로 공부했다. 이 애플리케이션의 장점은 공부하는 건지 게임하는 건지 헷갈릴 정도로 부담 없이 재미있게 공부할 수 있도록 되어있다는 것이다. 외국어를 공부할 때 재미는 정말 중요한 요소이다. 연속으로 며칠 했는지를 강조하고 다른 사람들과 경쟁을 붙여 동기부여도 잘되었다. 시작하고 보니 주변에 이미 이 애플리케이션으로 외국어 공부한 지 한참 된 사람들이 제법 있었다. 다들 정말 열심히 사는 구나 싶었다. 내가 할 말은 아니지만 아니 저 분은 저 나이에 저 언어를 왜 공부하지 싶기도 했고.

듀오링고의 또 다른 장점은 말할 기회를 만들어준다는 것 이다. 문장을 주고 읽게 하거나 질문에 답하게 하는데, 제대로 말하는지 확인해 주는 기능을 갖추고 있다. 물론 발음이 얼마 나 좋은지까지는 판단하기 어렵지만, 언어에서 입으로 직접 말 해보는 것은 눈으로만 보는 것과 차원이 다른 학습이다. 특히 프랑스어는 발음이 어렵기로 소문난 언어이다. 악명 높은 r 발 음은 물론 대부분의 모음도 영어와는 거리가 멀어 처음에는 따 라 하기도 힘들다. 그러니 더욱 애플리케이션으로 공부하는 것 이 책으로 공부하는 것과는 비교할 수 없게 큰 도움이 된다. 듣 고 따라 말하기를 매일같이 반복하다 보면 그 희한한 발음들도 어느 정도는 익숙해진다.

그렇게 틈날 때마다 애플리케이션을 켜서 프랑스어를 하 루에 10분 정도씩 공부했다. 무조건 1시간 이상은 공부해야 한 다고 생각하면 외국어를 배우기가 쉽지 않다. 앞에서도 이야기 했듯 잊고 다시 보기를 반복해야 기억이 만들어지는데, 이 애 플리케이션은 기가 막히게 꾸준히 반복시켜준다. 특히 기초에 해당하는 부분은 정말 무수히 반복된다. 진도가 나가면서 문장

언어: 돌아서면 까먹는 것을 두려워하지 말아야 하는 이유

이 더 복잡해지고, 새로운 단어와의 조합으로 제시되어 지루하지 않게 되풀이할 수 있다. 사실 같은 걸 계속해서 반복한다는 건 쉽지 않은 일이다. 그러니 재미있게 복습할 수 있는 방법을 마련해 두는 게 좋다. 틀린 문제는 꼭 다시 풀게 만들어서 실수로부터 배울 기회를 준다는 것 역시 듀오링고의 장점이다. 결코 듀오링고를 광고할 생각은 아니지만, 쓰다 보니 외국어 공부 좀 해본 사람이 만든 애플리케이션이구나 싶다.

외국어 공부의 제2법칙: 유사성에 집중하자, 단 부작용 있음

프랑스어는 6개월쯤 공부하다가 접었다. 중급 과정을 시작한 지 얼마 되지 않아 중단한 듯하다. 충분히 재미있게 공부했고, 간단한 문장은 읽을 수 있어서 뿌듯했고, 단어도 제법 많이 외우기는 했는데, 일상적으로 사용할 일이 없으니 더 배울 필요가 있나 싶었다. 차라리 다른 언어를 더 배워보자 싶어 역시 듀오링고로 스페인어를 공부하기 시작했다

이탈리아어, 프랑스어에 이어 세 번째로 로망스어 계열의 언어를 접했더니 거의 접한 적 없는 언어인데도 친숙했다. 기

본적으로 겹치는 단어가 정말 많고 문법도 상당히 유사하다. 예를 들어, 땅이 프랑스어로는 테르terre, 이탈리아어로는 테라 terra인데, 스페인어로는 티에라tierra이다. 세 단어 모두 라틴어의 테라terra에서 온 말이다. 이런 식이니 처음 보는 스페인 단어도 전혀 힘들지 않게 머릿속에 들어온다.

라틴어	프랑스어	이탈리아어	스페인어
terra	terre	terra	tierra

같은 로망스어 계열에 속한 언어만큼은 아닐지라도, 영어 단어 중에도 이 세 언어와 비슷한 것이 제법 된다. 영어 단어 중 로망스어의 뿌리인 라틴어에 어원을 둔 단어가 많기 때문이다. 앞에서 땅에 해당하는 이탈리아어, 프랑스어, 스페인어 단어의 어원이 된 라틴어 'terra'가 들어간 영어 단어가 꽤 많다. 육지의terrestrial, 영토territory, 지역terrain, 지중해Mediterranean Sea 등수도 없다. 심지어 영어에서 질그릇terra cotta은 구운 흙이라는 의미의 이탈리아어를 그대로 쓰는 것이다. 그러니 영어만 알아도 'terra'가 땅이나 흙을 의미한다는 걸 알 수 있다.

언어 사이의 유사성은 여기서 끝나지 않는다. 영어 단어의 3분의 1이 프랑스어 단어에서 왔다는 말이 있을 정도로 프랑스어의 영향이 막강하다(사실 한국어 단어에 얼마나 한자어가 많은지 생각해 보면 영어가 뭐 유별나게 느껴지지는 않는다). 예전에는 이 정도인 줄 몰랐는데 프랑스어를 공부하다 보니 영어에 프랑스어에서 유래한 단어가 너무 많이 보인다.

프랑스가 지리적으로 가깝기도 하지만, 여기에는 역사적인 배경이 있다. 11세기 프랑스 북부 지역인 노르망디의 윌리엄 공작Duke William of Normandy이 영국을 점령하고 영국 왕이 되었다. 그리고 프랑스어와 유사한 노르만어가 영국 지배계급의 언어로 사용되었는데, 이러한 체제가 프랑스와 영국의 백년전쟁이 끝나는 15세기까지 유지되었다. 이렇게 수백 년간 계속된 프랑스의 영향으로 아직까지도 영어의 정치, 법률, 종교, 전쟁 용어에 프랑스어의 흔적이 무척 많이 남아있다. 영어가 로망스어 계열 언어가 아닌데도 영어에 로망스어 단어가 많이 보이는 이유이다.

	영어	중세 프랑스어
의회	parliament	parlement (발언)
수입	revenue	revenue (돌아온)
저당	mortgage	mort gage (죽은 약속)

'의회'를 뜻하는 영어의 팔리어먼트parliament는 '발언'을 뜻하는 중세 프랑스어 파를러망parlement에서 온 단어이고, '수입'을 뜻하는 영어의 레브뉴revenue는 '돌아온'이라는 뜻의 중세 프랑스어 단어 르브뉘revenue를 그대로 쓰고 있다. 저당을 뜻하는 영어의 모기지mortgage에서 왜 't'가 묵음일까? '죽은 약속'이라는 의미의 중세 프랑스어 단어 모르가즈mort gage에서 온 단어여서 프랑스어식으로 발음하기 때문이다.

규칙에 따라 스펠링 그대로 읽으면 되는 대부분의 유럽 언어와 달리, 영어는 그렇지가 않다. 단어가 발음되는 방식이 너무나 제각각이다. 어느 영어학자는 농담으로 영어에서는 'fish'를 'ghoti'로도 쓸 수 있다고 말하기도 했다. 단어에 따라 gh가 f로(tough), o가 i로(women), ti가 sh로(nation) 발음되기도 하기 때문이다. 영어 단어의 발음이 이렇게 제각각인 이유가 바로 프랑스어를 비롯해 다른 계통의 언어에서 유입된 단어가 많아서이고, 매번 영어 발음이 헷갈리는 것이 우리의 잘못만은 아니다. 그래서 영어를 공부하고 나면 다른 유럽 언어를 공부하기가 훨씬 수월한지도 모르겠다. 한국인에게는 영어가 하나의 거대한 장벽일 수 있는데, 일단 하나 넘고 나면 다른 유럽 언어의 장벽은 그다지 높지 않다. 같은 로마자 알파벳을 사용한다는 게 도움이 된다는 건 두말할 나위가 없다. 일본어를 우리와 같은 한글로 읽고 쓴다면 얼마나 배우기 쉬울까 생각해 보면 된다.

그런데 언어 사이의 유사성이 늘 공부에 도움이 되지는 않는다. 스페인어를 몇 주 공부하고 나니 프랑스어는 머릿속에서 싹 사라진 듯한 느낌이었다. 스페인어로 '공부하다'가 에스투디아르estudiar이다. 프랑스어로는 무엇이었는지 생각해 보는데 기억이 안 난다. 비슷한 것 같기는 한데 말이다. 찾아보니 에튜디에étudier이다. 스페인어로 '너'가 투tú인데 프랑스어로는? 역시 생각이 나지 않아 찾아보니 놀랍게도 투tu. 벌써 프랑스어를 다 잊었나 싶어 최근에 공부한 프랑스어 문장들을 읽어보았더니 여전히 읽을 수는 있다. 그러니 기억이 지워진 건 아닌데, 프랑스어를 기억해 내려고 하면 그 표현에 해당되는 스페인어만 나오는 거다.

어쩜 6개월을 공부했는데 이렇게 생각이 안 나나 싶지만, 오히려 비슷한 언어를 공부하기 때문에 더욱 떠올리기 힘든 방향으로 기억이 작용하는 것 같다. 단어가 비슷하다 보니 역시 비슷한 기억장소에 저장되고, 기억해 내려고 하면 최근에 입력된 기억만 나오는 것일 수도 있다. 나 말고도 유사성이 많은 언어를 공부할 때 하나의 언어만 떠오르는 경험을 해본 이가 있을까 싶어 트위터에 질문을 올렸더니, 아니나 다를까 제법 되었다. 나만 이상한 건 아닌 걸로 결론을 내렸다.

	스페인어	프랑스어
공부하다	estudiar	étudier
너	tú	tu

비슷한 기억공간에 저장된 단어들. 가끔 잘못 출력되어 문제이다.

모든 문자는 페니키아 문자로 통한다, 한글 빼고

우연치 않게 고대 언어에도 관심이 생겼다. 한때 교회 친구들과 성경 통독을 했다. 창세기부터 시작해서 하루에 세 장씩 읽고 카카오톡으로 읽었다고 메시지를 남기는 간단한 스터디였다. 구약을 읽다 보니 몇몇 단어의 히브리어 원어가 궁금해졌다. 물론 히브리어는 읽을 줄 몰랐기에 히브리어 알파벳부터 공부하기 시작했다. 히브리어 알파벳의 처음 두 글자가 א(알레프)와 ב(베트)였다. 우리가 로마자 알파벳을 알파벳이라고 부르는 이유는 그리스어 알파벳의 처음 두 글자가 α(알파)와 β(베타)이기 때문인데, 히브리어의 처음 두 글자가 알레프와 베트라니… 히브리어와 그리스어의 알파벳이 친척 관계인 것이다.

물론 유대Judea와 그리스는 지리적으로 그렇게 멀지 않다. 두 나라 모두 지중해 연안에 위치했으니 고대부터 서로 영향을 주고받았을 것이다. 하지만 언어는 가깝지 않다. 그리스어는 인도유럽어족 그리스어파에 속하고, 히브리어는 아프리카아시아어족 셈어파에 속한다. 그런데도 비슷한 문자 체계를 쓰고 있는 것이다. 호기심에 같은 셈어파에 속하는 아랍어의 알파벳을 찾아봤다. 그랬더니 처음 두 글자가 ‍ا(알리프)와 ب(바). 글자 모양은 상당히 다른데도 역시 같은 문자 체계를 기원으로 하는 알파벳이다.

히브리어	א(알레프)	ב(베트)
그리스어	α(알파)	β(베타)
아랍어	‍ا(알리프)	ب(바)

대체 왜 이렇게 비슷하단 말인가.

좀 더 찾아보니 그 기원은 페니키아 문자에 있었다. 페니키아는 지금의 레바논, 시리아, 이스라엘 북부에 해당하는 지역에 있던 고대 문명이다. 이 지역에서 기원전 10세기경부터 표음문자 체계가 사용되었는데, 히브리어와 아랍어, 그리스어의 알파벳은 모두 페니키아 문자를 변형하여 만들어졌다. 그리고 그리스어 알파벳은, 영어를 비롯해 많은 유럽 언어가 사용하는 로마자 알파벳은 물론, 러시아어와 같은 슬라브어 계열 언어들이 사용하는 키릴 문자의 바탕이 된다. 그뿐 아니라 인도와 동남아시아 언어의 문자 체계도 페니키아 문자에서 유래했다는 설이 유력하다. 그렇다면 인류가 현재 쓰고 있는 대부분의 표음문자가 페니키아 문자에 뿌리를 둔 셈이다. 페니키아 문자에서 유래하지 않은 표음문자로 지금도 사용되고 있는 문자는 한글이 거의 유일하다. 참으로 대단한 페니키아 문자와 한글이다.

문자의 기원은 같지만 히브리어와 아랍어는 그리스어와 큰 차이가 있다. 우선 오른쪽에서 왼쪽으로 쓴다. 대부분의 문자는 왼쪽에서 오른쪽으로 쓰는데 말이다(물론 한자와 한글처럼 예전에는 위에서 아래로 쓰는 문자도 있었다). 또 소리 중에 자음만 적는 방식이다. 모음은 외워야(찍어야?) 한다. 한글로 예를 들자면 ㅇㅂㅈ, ㅇㅁㄴ이라고 쓰여있으면 아버지, 어머니라고 읽는 방식이다. 뭐 이런 표기법이 다 있나 싶은데, 사실 표음문자라고 해도 소리의 모든 요소를 기록하는 경우는 별로 없다. 예를 들어 한글도 음의 강약과 고저, 장단은 문자로 표시하지 않는다. 이렇게 문자로 표시되지 않는 음의 요소를 비분절음운이라고 하는데, 한마디로 히브리어와 아랍어는 모음을 비분절음운으로 취급하는 것이다.

모음 없이 자음만으로 표기하는 방식의 문자 체계를 아브자드abjad라고 하는데, 아랍어 알파벳의 처음 네 글자의 음을 따서 만든 이름이다. 단어의 수가 그리 많지 않던 고대에는 자음으로만 표기해도 알아보는 데 문제가 없었겠지만, 단어 수가 점차 늘어가면 문제가 생길 수밖에 없다. 그래서 지금은 알파벳 주위에 점을 찍는다든지 해서 모음을 표기하고 있다. 예를 들어 하나님을 뜻하는 히브리어 אלהים(엘로힘)에 모음을 표시하면 אֱלֹהִים 이렇게 된다. 오른쪽에서 왼쪽으로 쓰니 א(알레프)가 첫 글자이고 מ(멤)이 마지막 글자이다. מ은 단어 끝에 위치할 때 ם으로 형태가 변한다(우연히도 한글의 ㅁ과 모양도 음도 비슷하다).

그렇게 떠듬떠듬 히브리어 단어를 읽을 수 있게 되었다. 하지만 딱 거기까지만이었다. 더 공부할 엄두는 나지 않았다. 문자만 알아도 충분히 재미있었다. 히브리어 원문을 들여다보면서 알게 된 것이 한국어 성경의 인명이나 지명이 히브리어 원어에 제법 가깝다는 거였다. 다윗은 영어 표현인 데이비드David보다 히브리어 원어인 다위드דוד와 더 비슷하다. 예루살렘도 히브리어 원어인 예루살라임ירושלים의 발음과 상당히 유사하다. 처음 성경을 번역한 이들이 히브리어로 된 구약성경을 바로 번역했는지는 잘 모르겠지만, 적어도 인명과 지명은 히브리어식 발음을 한글로 표시하려고 노력한 듯하다.

성경 통독이 신약성경으로 넘어가자 자연스럽게 그리스 문자 읽는 법을 배우기 시작했다. 기독교 성경에서 구약성경은 히브리어로, 신약성경은 그리스어로 기록되어 있다. 당시 그리스어가 지중해 연안과 근동 지역에서 세계어의 지위를 차지하고 있었기 때문이다. 그러니 공부 좀 했다 하는 사람들은 다들 그리스어가 능숙했는데, 신약성경의 저자들도 예외는 아니었다. 신약성경의 상당 부분은 바울이 기록한 것인데, 바울은 당대에 나름 잘나가던 지식인이었고, 유대인이었지만 그리스 지역에서 전도 활동을 했으며 그리스인들을 제자로 삼았다. 그러다 보니 그리스어로 편지를 많이 썼는데, 바울 서신이라고 불리는 이러한 편지들 또한 다수 신약성경에 포함되었다. 여기에 더해 바울의 제자로 누가복음과 사도행전의 저자로 알려진 누가는 실제 그리스인이었다.

히브리 문자와 그리스 문자를 읽을 수 있게 되고 나서는 일요일에 교회에 가서 설교 시간이 되면 아이패드를 꺼내 그날의 성경 본문을 원어로도 살펴본다. 물론 읽고 이해하지는 못하지만, 중요한 단어가 원문에서는 어떻게 표현되어 있는지, 원문의 표현은 어떤 의미를 지니고 있는지 찾아볼 수 있다. 인터넷에 워낙 정보가 잘 정리되어 있어서 클릭 몇 번으로 충분하다. 아무래도 목사님들이 신약성경의 내용으로 설교하는 경우가 많다 보니 히브리어보다는 그리스어를 더 자주 접하게 되었다.

　이러기를 2년 정도 하고 나니 그리스어 문자를 읽는 게 좀 편해지고 아는 단어들도 제법 생겼다. 한국어 신약성경의 인명이나 지명이 영어식 발음과는 제법 거리가 있는데, 알고 보니 그리스어 발음과 상당히 비슷했다. 한국어 구약성경이 히브리어식 발음을 한글로 표기한 것같이, 한국어 신약성경 역시 그리스어식 발음을 제법 충실하게 한글로 표기했다는 사실을 알게 되었다. 사도행전에 바울이 첫 번째 전도 여행을 떠나 지중해에 있는 구브로라는 섬에 도착하는 이야기가 나온다. 이 섬의 지금 이름은 키프로스이고, 영어식 이름은 사이프러스 Cyprus, 그리스어 성경에 나온 이름은 쿠프로스Κύπρος이다. 그러니 구브로라는 지명은 상당히 그리스어 원어에 가까운 표기이다. 그리스어 명사는 격이 달라지면 어미가 변하는데, 이 단어도 쿠프론Κύπρον으로 변하는 경우가 많다. 그래서 아예 어미를 떼고 어근만 살려 구브로로 표기한 것이 아닐까 싶다. 참고로 예전에 이 섬에서 구리가 많이 났다고 한다. 구리를 뜻하는 영어 단어 코퍼copper의 어원이 구리를 뜻하는 라틴어 단어 쿠프룸cuprum인데, 이 섬 이름에서 유래한 단어라고 한다. 인명도 마찬가지이다. 신약성경에 디모데의 어머니인 유니게라는 인물이 나온다. 영어로는 유니스Eunice인데, 그리스어로는 유니케 E□νίκη이다. 그러니 역시 유니게라는 한글 표기가 상당히 정확하다. 참고로 유니케는 그리스 신화에 나오는 수십 명의 물의 요정nymph 중 한 명이다.

당신은 이미 많은 그리스어 단어를 알고 있다

과학을 공부한 사람들에게는 그리스 문자가 대부분 친숙하다. 수학이나 물리, 화학에서 많이 사용되기 때문이다. 의학이나 과학에 쓰이는 전문용어는 정말이지 그리스어에서 오지 않은 것을 찾기가 더 힘들지 않을까 싶을 정도로 그리스어 어원을 가진 단어들이 흔하다. 원주율을 가리키는 파이π는 모르는 사람이 없을 테고, 저항의 단위인 옴Ω, 1mm의 1000분의 1인 마이크로미터μm 등 기호로 사용되지 않는 그리스어 문자가 없을 정도다. 게다가 코로나19의 변이에 그리스 문자를 붙여 부르게 되어서 전 국민이 오미크론ο이라는 그리스 문자까지 알게 되었다.

하지만 문자의 발음을 아는 경우는 많지 않다. 특히 영어 알파벳과 비슷하게 생겼는데 발음이 상당히 다른 문자들이 있다. 뉴의 소문자 v는 마치 영문자 v처럼 생겼지만 발음은 n과 같고, 로의 대문자 P와 소문자 ρ는 영문자 P와 p처럼 생겼지만 발음은 r과 같다. 에타의 대문자 H는 영문자 H 같지만 모음으로 e를 길게 발음하는 것과 비슷하다. 그래서 익숙해지는 데 시간이 좀 걸린다.

　그리스 문자의 발음법 중에 특이한 것이 하나 있다. 모음이 단어 처음에 위치할 때는 발음을 세게 할 수도 부드럽게 할 수도 있는데, 세게 하면 마치 앞에 h가 있는 것과 같이 발음된다. 그래서 센 발음과 부드러운 발음을 구분하기 위해 모음 위에 호흡표시breathing mark라는 걸 붙인다. 역사history의 어원은 조사, 연구를 뜻하는 그리스어 히스토리아□στορία인데 첫 글자 이오타h 위에 센 발음을 나타내는 호흡표시가 붙어있다. 그래서 이스토리아가 아닌 히스토리아로 발음된다. 부드러운 발음을 나타내는 호흡표시는 방향이 반대이다. 신적인 사랑을 의미하는 아가페□γάπη는 그래서 그냥 아가페이다. 그리스어에서 유래한 영어 단어 중에는 h로 시작하는 것들이 무척이나 많다. 동의어homonym, 위선자hypocrite, 혈우병hemophilia, 수소hydrogen, 초식동물herbivore, 영웅hero, 위생hygiene, 최면술hypnosis 등 끝이 없다. 모두 세게 발음되는 모음으로 시작하는 단어에서 유래한 것들이다.

이렇게 그리스 문자의 발음을 알고 나니, 혹시 슬라브어에서 사용하는 키릴 문자가 그리스 문자와 비슷한가 싶어 찾아보게 되었다. 정말 그랬다. 로마자만큼, 아니면 그 이상으로 키릴 문자도 그리스 문자와 비슷했다. 키릴 문자 페(п п)는 그리스어 문자 파이(Π π) 그대로이고 p로 발음된다. 키릴 문자 에르(Р р) 역시 그리스 문자 로(Ρ ρ)와 유사하고 역시 r로 발음된다. 러시아 사람들이 예전에 알파벳을 배워 갔는데 돌아가는 길에 헷갈려서 발음이 다 뒤죽박죽이 되었다는 농담을 하곤 하는데, 전혀 그게 아니었던 거다. 로마자와 키릴 문자 모두 그리스 문자에서 유래했는데, 어떤 것은 키릴 문자가 더 원형을 잘 유지하고 있다.

그리스어 단어를 접하다 보니, 역시나 영어 단어 중에 그리스어 단어에서 온 것이 정말 많다는 사실을 새삼 깨닫게 되었다. 그래프graph는 '쓰다'를 의미하는 그리스어 그라포γράφω에서 온 말이고, 학문을 뜻하는 접미사 -logy는 '말하다'를 의미하는 그리스어 레고λέγω의 변형이다. 말이나 이성, 원리를 뜻하는 로고스λόγος에서는 논리logic나 대화dialogue 같은 단어가 파생되었다. 그래서 습관적으로 새로운 그리스어 단어를 보면 그 단어에서 파생한 영어 단어의 예를 찾아본다. 이게 은근 재미있다. 성경에 '미리 정했다'는 의미로 예정predestination이라는

언어: 돌아서면 까먹는 것을 두려워하지 말아야 하는 이유

표현이 종종 나온다. '예정하다'에 해당하는 그리스어는 프로오리조προορίζω인데, 이 단어는 '앞서', '전에'를 의미하는 접두사 프로προ와 '경계를 정하다'라는 의미의 호리조□ρίζω가 합쳐져 만들어진 단어로, '미리 구별하다' 혹은 '미리 나누다'와 같은 의미를 지닌다(호리조의 첫글자 오미크론 위에 센 발음을 나타내는 호흡표시가 있다). 영어 단어에 그리스어를 어원으로 하는 접두사 프로pro로 시작하는 단어는 셀 수 없이 많다. 하다못해 프로그램program도 미리(프로προ) 쓴(그라포γράφω) 글이다. 호리조는 어떤가? 수평선을 뜻하는 영어 단어 호라이즌horizon과 비슷하기는 한데, 수평선이 '경계를 정하다'라는 그리스어 호리조와 무슨 상관일까. 찾아보니 역시나 상관이 있다. 고대 그리스인들은 땅이 평평하다고 알고 있었고, 바다가 끝나는 곳에 우리가 사는 세상의 경계가 있다고 생각했다. 그래서 그 경계를 호리존 쿠클로스□ρίζων κύκλος라고 불렀는데, 호리존은 '나누는', 쿠클로스는 '원'이라는 의미이다(쿠클로스는 영어 단어 사이클cycle의 어원이기도 하다). 이 표현에서 호리존만 남아 영어 단어 'horizon'이 된 것이다. 그리스 신화에서는 이 땅의 끝을 오케아노스□κεανός라는 거대한 강이 둘러싸고 있다고 이야기하는데, 이 강은 하늘의 신 우라노스Ο□ρανός와 대지의 여신 가이아Γα□α 사이에 태어난 신이다. 오케아노스에서 바다를 의미

★ 지금 바로 시작하기

하는 영어 단어 오션ocean이, 우라노스에서 천왕성의 영어 이름 'Uranus'가 유래했다.

---

horizon(수평선) ← □ρίζων κύκλος(나누는 원)
▶ 고대 그리스인들은 지구가 평평하다고 믿었다.

cholesterol = 콜레χολή(담즙) + 스테레오스στερεός(고체, 입체) + 올-ol(알코올) : 담석에 들어있는 알코올
▶ 물에 잘 녹지 않는다.
▶ 담석의 원인이 될 수 있다.
▶ 담즙산이 콜레스테롤을 녹일 수 있다.

역으로 영어 단어에서 그리스어 어원을 찾아보기도 한다. 이는 강의할 때도 도움이 많이 된다. 수업을 하다 새로운 용어가 나올 때 어원을 설명해 주면, 학생들이 재미있어할 뿐만 아니라 더 쉽게 이해하고 기억한다. 콜레스테롤cholesterol이 처음 발견된 것은 담낭에 들어 있는 담석gallstone에서였다. 콜레스테롤은 간에서 주로 합성되는데, 그중 상당량이 담즙의 성분으로

담낭에 저장되어 있다가 장내로 분비된다. 그런데 이 콜레스테롤이 물에 잘 녹지 않는다. 담즙에는 지방의 소화를 촉진하는 담즙산cholic acids이라는 계면활성제가 고농도로 들어있는데, 이 계면활성제가 담즙에서 콜레스테롤을 녹여주는 역할을 한다. 그런데 이 과정에 문제가 생기면 콜레스테롤이 담낭 안에서 침전해 고체 형태가 되고, 그걸 우리가 담석이라고 부른다. 예전에 화학자들이 이 담석의 성분을 분석하다가 새로운 화합물을 발견하고 콜레스테롤이라고 이름을 지었는데, '담즙'을 뜻하는 그리스어 콜레χολή와 '고체' 또는 '입체'를 뜻하는 그리스어 스테레오스στερεός를 결합하고 뒤에 알코올을 의미하는 올-이을 붙여 만든 이름이었다. 말 그대로 담석에 들어있는 알코올이라는 의미이다. 이렇게 콜레스테롤의 이름이 어떻게 만들어졌는지 알게 되면 콜레스테롤이 물에 잘 녹지 않는다는 것, 담석의 원인이 될 수 있다는 것, 담즙산이 콜레스테롤을 녹여줄 수 있다는 것 등을 쉽게 기억할 수 있다.

제발 미안해하지 마

어쩌다 보니 외국어로 일하며 살게 되었고, 또 이런저런 언어를 공부할 기회를 가지게 되었지만, 언어에 재능이 있다는 생각은 좀처럼 들지 않는다. 수십 년을 살았는데도 영어를 틀리고 여전히 영어로 말하고 글 쓰는 것에 스트레스를 받으니 말이다. 그러니 언어를 공부하는 비법 같은 건 잘 모른다. 그런 비법이라는 것 자체가 없을 가능성이 크긴 하지만 말이다. 그저 많이 해야 는다. 그리고 할 때 겁없이 해야 빨리 배운다. 말할 때 틀릴까 봐 자꾸 걱정하면 브레이크가 걸려서 말이 안 나온다. 어설퍼도 말을 해야 문법이든 발음이든 어휘력이든 배울 수 있는 건 어쩔 수 없다.

발음 참 중요하다. 발음이 좋으면 의사소통이 쉬워지는 것은 물론 상대에게 더 대접받는다. 사람의 심리가 그렇다. 발음이 좋지 않으면 상대가 피곤해하는 것도 부인할 수 없다. 하지만 발음이 좋지 않다고 해서 위축되면 절대 배울 수도 없고 오히려 의사소통에 더 문제가 된다. 대화하다가 상대가 알아듣지 못해 "뭐라고?"라며 되묻는 경우가 있다. 이럴 때 발음에 자신이 없으면 위축되어서 목소리가 작아지면서 말을 뭉개게 되는데, 그러면 안 된다. 오히려 더 크게 말해야 한다. 내 발음이 문제일 수도 있겠지만, 목소리가 작아서 못 알아듣는 경우도 많기 때문이다. 그래서 발음이 어설퍼도 또렷하게 말하면, 그 어설픈 발음으로 하는 말이 무슨 말인지 결국 알아듣기도 한다.

그리고 그다음부터는 같은 발음이 반복돼도 별문제 없이 잘 알아듣는다. 상대도 이 사람은 외국인이라 악센트가 있다고 받아들이는 것이다. 예전에 같은 과에 있는 프랑스인 박사후연구원이 하는 발표를 들은 적이 있었다. 계속 엘릭스 엘릭스 하는데 그게 무슨 말인지 싶었다. 듣다 보니 '나선'을 뜻하는 영어 단어 헬릭스helix를 엘릭스라고 하는 거였다. 프랑스어에서는 h가 묵음이어서 그런 것이었다(나중에 찾아보니 hélix로 철자도 같았다). 엘릭스가 헬릭스를 말하는 거라는 사실을 알고 나니 그 뒤에 계속 엘릭스라고 말해도 아무 문제없이 알아들을 수 있었다.

물론 미국인이 유럽인의 악센트는 잘 알아듣지만 동양인의 악센트는 잘 못 알아듣는 애로 사항이 있기는 하다(심지어 미국인 중에는 유럽인의 악센트가 매력적이라는 편견을 가진 이들도 많다). 하지만 그것도 익숙하지 않아서 그런 것뿐이고, 자주 접하면 확실히 나아진다. 유학 초기에 미국인의 영어도 알아듣기 힘들었지만 정말 중국 학생들의 영어는 몇 배는 더 들리지 않았다(당연한 말이겠지만 한국인의 영어가 제일 알아듣기 쉬웠다). 그런데 뭔 소리인지 감도 오지 않는 중국 학생들의 영어를 미국 학생들이 찰떡같이 알아듣는 걸 보고 무척 신기했던 기억이 있다. 그냥 같이 일하면서 중국 학생들의 악센트에 익숙해진 거다. 내가 프랑스인의 엘릭스에 금방 익숙해져서 아무 문제없이 알아듣게 된 것과 같은 과정을 이미 거친 것이다.

역시 박사과정을 하던 시절의 일이다. 당시 나는 4~5년 차에 접어들고 있었다. 외국인 신입생이 대학원생 세미나에서 발표를 했다. 영어는 서툴렀지만 내용은 나쁘지 않았다. 그런데 그가 영어가 꼬일 때마다 "아임 소리I'm sorry"를 반복하는 것이다. 세미나가 진행된 불과 30분 남짓한 시간 동안에 수십 번 그 말을 반복했다. 제발 그만 좀 하라고 말리고 싶어질 정도였다. 안 하는 게 백번 나았다. 무엇보다 세미나를 듣는 사람들은 그의 영어가 어설프든 능숙하든 상관이 없고, 별로 관심도 없다. 그저 과학적인 내용이 궁금하고 세미나를 통해 뭔가 새로운 걸 배우고 싶은 것뿐이다. 미국에 온 지 얼마 되지 않은 외국 학생이 영어가 서툰 게 당연한 거 아닌가? 자기 영어 틀리는 것에 온 신경이 집중되어 사과를 연발하는 그 학생의 태도에 오히려 듣는 사람들이 심히 불편했다. "아니, 난 네가 영어를 얼마나 잘하는지는 아무 관심이 없어요. 그냥 내용만 잘 설명해 달라고요". 딱 그게 듣는 사람들의 심정이었다. 그런데 발표하는 사람은 자기가 어설픈 영어로 사람들에게 민폐를 끼치고 있다고 지레짐작하고 전혀 필요 없는 미안하다는 말로 청중을 고문한 것이다.

교수가 되니 대학원생들의 세미나 발표를 지도할 일이 많다. 물론 학생 중 상당수가 영어가 모국어가 아닌 외국인이다.

이들에게 꼭 이때의 과한 사과 이야기를 해준다. 영어 서툰 건 괜찮다고, 미안해할 필요 없다고, 하지만 네 세미나의 내용이 어설픈 건 정말 미안해해야 한다고, 내용도 제대로 이해 못하고 엉터리로 발표하면 그게 민폐라고, 그러니 영어 서툴다는 걱정은 집어치우고 내용을 충실하게 준비하라고 조언한다. 청중 중에 '영어도 못하면서 무슨 발표를 한다고…'와 같이 생각하는 사람이 극소수 있을 수도 있겠다. 하지만 그건 그 인간들이 예의가 없는 거다. 전혀 고려할 대상이 아니다. 그냥 무시해도 된다.

외국어를 잘하는 사람들을 보면 정말 쉬운 단어로 쉽게 말한다. 사실 우리가 일상에서 쓰는 말의 상당 부분은 쉬운 단어로 쉽게 말할 수 있다. 영어를 예로 들자면, 있다be, 가지다have, 가다go, 오다come, 주다give, 받다take 같은 단어들인데, 외국어를 공부하면 이런 쉬운 단어가 의외로 배우기는 쉽지 않다는 사실을 알게 된다. 쉬운 단어일수록 용례와 문법에 익숙해지고 능숙해지기까지 상당한 연습이 필요하다. 일상적으로 많이 쓰는 단어일수록 쉽게 포착할 수 없는 그 언어만의 고유함을 지니고 있고, 동사 변화도 불규칙인 경우가 많다. 아마도 많이 쓰이는 만큼 오래전부터, 문법이 정리되기도 전부터 사용되어서 불규칙하게 변화하는 그대로 자리 잡은 게 아닐까 싶다.

그러니 그냥 많이 쓰고 익숙해지는 것 외에는 방법이 없다. 그걸 가지고 왜 이건 이렇게 불규칙하냐고 따져봤자 시간 낭비일 뿐이고 아무 소용이 없다. 그냥 그 사람들이 오랜 시간 그렇게 써와서 그런 것뿐이고, 쓰는 사람들도 왜 그런지 모른다. 그저 자동으로 나오니 전혀 어렵다는 생각도 못 하고, 왜 그런지 고민도 안 한다. 한국어도 다르지 않다. 트위터에서 어느 일본인이 말하길, 한국어에서 시간을 말할 때 "세 시 십 분"이라고 하지 않고 "세 시 열 분"이라고 하면 고깃집 예약하는 게 되어버린단다. 우리도 한국어를 배우는 외국인이 왜 "세 시 열 분"이라고 하면 안 되냐고 물으면 사실 할 말이 없다. 별로 알고 싶지도 않고, 몰라도 쓰는 데 상관없다. 고민하지 않고 그냥 쓴다. 어쩌면 지금 이 글 읽으면서 처음으로 '어, 그러네'라고 깨달은 사람도 있을 것이다. 일상적인 언어가 그렇다. 그냥 익숙해서 그렇게 쓰는 거다. 그래서 외국어도 왜 그러냐고 따지면 당신만 손해이다. 받아들이고 익숙해지는 게 최선이다.

잊는 것을 두려워하지 않아야 더 잘 배울 수 있다

마지막으로, 외국어 실력은 조금씩이라도 꾸준히 오래 공부해야 쌓이는데, 그러려면 공부에서 오는 부담이나 강박을 좀 덜어야 한다. 억지로 외우려고 할 필요도 없고, 안 외워진다고 고통스러워할 필요도 없고, 실력이 늘지 않는다고 안타까워할 필요도 없다. 하나하나 즐기면서 배우고 반복하다 보면 자주 나오는 표현은 결국 익숙해진다.

미국의 정신분석학자이자 사회심리학자 에리히 프롬Erich Pinchas Fromm도 비슷한 이야기를 했다. 그는 저서 《소유냐 존재냐》를 통해, 지식에 있어서도 소유 방식 혹은 존재 방식으로 접근할 수 있다고 이야기했다.

소유적 실존양식에 길든 학생들은 강의를 들을 때, 놓치지 않고 어휘들을 경청한 뒤 그 논리적 연관과 의미를 파악하여 가능한 한 모조리 노트에 기록한다. 그래서 필기한 것을 나중에 암기하여 시험에 합격할 수 있을 것이다. 그러나 그 내용은 그들 고유의 사고체계를 풍요롭고 폭넓게 하는 구성요소가 되지는 못할 것이다.

소유 방식의 접근은 지식을 외워서 소유하려고 하기에 잊는 것을 두려워한다. 반면 존재 방식의 접근은 그 지식 자체에

집중하기에 지식을 얻는 과정을 즐기고, 세부적인 내용까지 기억하지는 못하더라도 그 지식을 내면화하여 자신의 일부로 만든다. 이는 공자의 '학이시습지 불역열호'와 일맥상통하는 게 아닐까 싶다. 물론 시험 때문에 외국어를 공부해야 하는 경우에는 쉽지 않겠지만, 정말 외국어를 꾸준히 공부하고 싶다면 존재 방식의 접근을 생각해 보길 바란다.

★★

알고 보는 즐거움

출근길에 어떤 나무를 지나쳐 왔을까?

귀갓길 내 마음을 위로해 줄 음악이 있을까?

오늘 회사에서 잘못한 게 계속 떠오르지만,

고대 로마에서는 노예가 잘못하면 주인이 보상했다고 하니까….

3장

자연

일상에서 발견하는 새로운 세계

어느 봄날이었다. 당시 초등학교 4학년이던 딸 하진이가
토요일에 꼭 아빠와 동네 숲에 같이 가야 한다는 거다. 선생님
이 반 아이들을 데리고 그 숲에 가서 어떤 꽃이 피어있는지 함
께 찾아보는 수업을 했는데, 아빠에게도 그 꽃들을 보여주고
싶다고 했다. 그래서 화창한 토요일 아침 하진이를 따라나섰
다. 미국 중부 대평원에 자리한 인디애나주에는 산이 없지만,
숲은 흔하게 볼 수 있다. 우리가 살던 동네 바로 옆에도 개발하
지 않고 자연 그대로 보존된 미국 중부의 흔한 숲이 있었다. 오
솔길을 따라가던 하진이가 길가에 피어있는 어느 야생화를 찾
아 보여준다. 처음 보는 꽃이었는데, 하얀 꽃이 마치 바지를 뒤
집어놓은 것처럼 생긴 신기한 모습이었다. 하진이가 더치맨스
브리치스Dutchman's breeches라는 이름을 알려줬다. 네덜란드 사
람들이 입는 펑퍼짐한 바지같이 생겼다고 붙은 이름이었다.

하진이는 계속 앞으로 나아가며 새로운 꽃을 찾아 보여줬다. 트릴리움trillium, 버터컵buttercup, 메이애플mayapple, 바이올렛violet, 스프링 뷰티spring beauty, 트라우트 릴리trout lily…. 끝이 없었다. 꽃을 찾을 때마다 마치 보물이라도 발견한 듯 신나 하는 하진이와 함께 우리 가족 모두 꽃들을 하나하나 배웠다. 그날의 하이라이트는 잭인더펄핏Jack-in-the-pulpit이라는 이름을 가진, 역시나 상당히 특이하게 생긴 꽃이었다. 마치 아이스크림 콘에 뚜껑이 달린 것처럼 생긴 꽃 가운데에 똑바로 서있는 꽃술이 사람처럼 보여 붙은 이름이었다. 선생님과 왔을 때는 발견하지 못했는데 드디어 찾았다고 얼마나 좋아하던지…. 걸어서 5분 거리의 숲속에 그렇게 신기한 꽃들이 널려있는지 전혀 모르고 살았다. 하진이 덕분에, 그리고 귀한 현장 학습을 해주신 선생님 덕분에 발견한 새로운 세상이었다.

봄날의 숲속은 아주 특별하다. 추운 겨울이 지나 날이 풀리고 자연이 다시 깨어나기 시작하는 시간, 나무들이 파릇파릇 새싹을 낼 때 그 아래에서는 온갖 야생화가 앞다투어 피어난다. 야생화에는 그때가 '골든타임golden time'이기 때문이다. 여름이 되어 숲이 무성해지면, 숲 바닥에는 더 이상 햇살이 닿지 않는다. 날은 풀렸지만 아직 나뭇가지에 나뭇잎이 많이 피지 않은 그때가 숲 바닥까지 내려오는 햇살을 받아 싹을 내고 잎을

자연: 일상에서 발견하는 새로운 세계

만들고 꽃을 피워 씨를 맺을 수 있는 적기이다. 기껏해야 두 달 정도의 시간이다. 봄날의 숲속에 화려하게 피어나는 야생화들은 그 짧은 시간 동안 치열한 속도전을 벌이고 있는 셈이다. 여름이 되어 햇살이 끊기면 숲속의 야생화들은 한 해를 일찍 마감하고 내년 봄을 기다려야 한다. 야생화를 기다리는 사람들에게도 마찬가지이다. 그때를 놓치면 다시 1년을 기다려야 한다. 하진이 덕분에 봄날의 숲속이라는 새로운 세상을 경험하고 나서, 나는 매년 봄이 되면 그때를 놓치지 않으려 숲으로 간다. 그리고 기다림의 끝에 드디어 찾아온 봄을 맞아 싹을 내고 꽃을 피운 야생화들을 찾는다.

사랑하면 알게 되고 알면 보이나니, 그때 보이는 것은 전과 같지 않으리라.

유홍준 교수는《나의 문화유산 답사기》1권 서문에서 조선시대 후기의 문신 유한준의 문장을 인용한다. 나에게 봄날의 숲속에 피어나는 야생화들이 그러하다.

나뭇잎 프로젝트: 동심으로 돌아가 만난 자연

　화학과 생물을 같이 공부해 온 생화학자이지만 내 주변의 자연에 대해서는 아는 게 거의 없었다. 현대생물학은, 특히 생화학과 연관된 생물학은 생명현상을 대부분 세포 단위로 연구한다. 세포 안에 있는 단백질과 핵산, 세포막이 상호작용하면서 일어나는 현상이 주 연구 대상이다. 그러다 보니 세포보다 규모가 커지면 무척 낯설다. 더욱이 미국이라는 내가 자라나지도 않은 나라의 자연에 대해서는 알 턱이 없었다. 나에게 이렇게 낯설었던 자연에 관심을 갖게 해준 건 아이들이었다. 아이들이 학교에서 자연에 대해 배울 때 우리도 아이들에게 자연을 배웠다.

　역시 하진이가 초등학교에 다닐 때의 일이다. 학교에서 숙제를 받아왔는데 나뭇잎 프로젝트leaf project라고 이 동네 아이들이라면 다 한 번씩 거쳐 가는 나름 전통이 있는 숙제였다. 학교에서 나뭇잎에 대한 설명이 나열된 인쇄물을 나눠주면, 각 항목에 해당하는 나뭇잎을 찾아 폴더에 넣어 제출해야 한다. 그리고 어떤 나무에서 나온 것인지도 함께 기록해야 한다. 그런데 숙제를 도와주려니 영어부터 공부해야 했다. 잎의 형태를 설명하는 단어를 들어본 적이 없으니 말이다. 예를 들어 '잎맥이 팔메이트palmate인 잎'을 찾으라고 하는데, 팔메이트는 '손바닥 모양의(장상의)'라는 의미로, 잎맥이 잎자루에서 방사상으로 퍼지는 형태를 띠는 잎을 가리킨다. 이와 같이 새로운 표현을 배워가면서 목록에 있는 잎을 다 찾기 위해 주말 내내 하진이와 대학교 캠퍼스와 숲을 누볐다.

그렇게 나뭇잎과 나무를 찾아다니며 내가 근무하고 있는 약학대학 건물 주변으로도 다양한 나무가 있다는 사실을 알게 되었다. 수년 동안 매일을 오가면서도 있는 줄 모르고 살았는데 말이다. 건물 바로 앞에 거목이 하나 있는데, 알고 보니 레드 오크red oak였다. 그 옆으로 자작나무속에 속하는 리버 버치 river birch가 있었고, 침엽수인데도 가을이면 낙엽이 지는 희한한 나무인 낙우송bald cypress이 있었다. 주차장 쪽에 여름이면 쏟아질 듯 노란 꽃을 피우는 나무가 있었는데 알고 보니 중국과 한국이 원산지인 모감주나무goldenrain tree였다(다음 페이지 사진)! 한국에 있을 때는 그런 나무가 있는지도 몰랐는데, 한국이 원산지라는 걸 알고 나니 느낌이 새로웠다. 너도 이 먼 타국까지 와서 이렇게 잘 자라고 있구나, 나도 잘 버텨볼게, 우리 같이 힘내자…. 나뭇잎을 찾아다니다 고향 사람이라도 만난 듯 뭉클해져 버렸다.

그렇게 하진이의 나뭇잎 프로젝트는 잘 마무리했다. 하지

　　　　　★★ 알고 보는 즐거움

약대 건물 앞의 모감주나무에 노란 꽃이 활짝 피었다.

만 내 나무 사랑은 이제 시작이었다. 그 뒤로도 점심시간이면 캠퍼스 이곳저곳을 산책하며 새로운 나무를 찾았다. 마침 아들 재상이가 두발자전거를 탈 수 있게 되어서, 주말이면 아이들과 자전거를 타고 숲과 들판으로 나가 꽃과 나무와 새를 살피며 하루를 보냈다. 아내가 일하는 주말에는 내가 아이들을 봐야 하기 때문에 어쩔 수 없는 선택이기도 했다.

자전거를 타고 나설 때면 배낭에 자연도감과 조류도감을 꼭 챙겼다. 그리고 처음 보는 꽃이나 새를 발견하면 책을 펼쳐 이름을 찾았다. 지금은 애플리케이션도 있고 사진을 찍어 바로

자연: 일상에서 발견하는 새로운 세계

검색할 수 있는, 스마트폰 하나로 다 해결되는 시대이지만 그때는 그렇게 낭만적으로 책을 한 장 한 장 넘겨가며 찾아야 했다. 그렇게 책에서만 보던 꽃, 나무, 새를 자연에서 처음 만나면 그렇게 반가울 수가 없다. 유명 인사라도 만난 듯 사진으로 남기며 신나 했다.

　미국 중부에서 자란 아이들이라면 다들 했음직한 경험을 난 다 커서야 아이들과 같이 했다. 단풍나무 씨를 주머니 가득 주워서 다리 위에 올라가 하나씩 강 위로 던지고, 헬리콥터처럼 빙글빙글 돌며 바람을 타고 멀리멀리 날아가는 모습을 바라보기도 했다. 뽕나무mulberry를 찾아 까맣게 익은 오디를 따 먹다가 입이 보라색으로 물들기도 했고, 도토리와 히코리hickory 열매를 찾아 주머니에 넣어두었다가 퇴근하고 돌아온 아내에게 보여주기도 했다. 예전에는 뿌리를 활용해 탄산음료의 일종인 루트 비어root beer를 만들기도 했다는 사사프라스sassafras를 찾아 손에 나뭇잎을 비벼 그 독특한 향을 맡아보기도 하고, 살구 크기 정도밖에 안 되지만 감이 주렁주렁 열린 미국 감나무American persimmon를 찾아 그 아래 떨어진 홍시를 주워 먹기도 했다. 사랑하게 되면 알게 되고, 알고 나면 보인다더니, 내 주위의 수많은 나무가 그렇게 보이기 시작했다. 보여서 예쁘고, 보기만 해도 행복하다.

모르고 보면 잡초, 알고 보면 야생화

2020년 봄 미국에 코로나19가 퍼지기 시작할 무렵, 우리는 새집으로 이사를 했다. 아내가 집을 보러 가자고 해서 마지못해 따라나섰는데, 사람들이 별로 살지도 않는 한적한 동네에 있는 집이었다. 그런데 마루에 붙어있는 덱deck에서 널찍한 숲이 시원하게 내려다보였다. 게다가 앞에 보이는 숲이 그 집에 딸려있다는 거다. 집을 둘러본 지 15분 만에 이사하기로 결정했다. 숲 때문이었을까? 보는 순간 내 집이라는 확신이 들었다.

코로나19로 재택근무가 시작되며 숲이 딸린 새집을 24시간 즐길 수 있게 되었다. 시간이 나면 숲에 들어가 나무와 꽃을 살펴보았다. 이건 완전히 나만의, 나를 위한 놀이터인 것이다. 집 마당에는 새 모이통도 설치해 놓고 아침저녁으로 오는 새들을 살폈다. 숲이 딸려있으니 예전 집에서는 볼 수 없던 온갖 새들이 모여든다. 치카디chickadee, 피비phoebe, 블루버드bluebird, 텃마우스titmouse, 오리올oriole, 인디고 번팅indigo bunting, 렌wren, 그로스빅grosbeak, 게다가 딱따구리까지…. 처음 이사 온 해 여름에는 몇 시간이고 망원경을 들고 창가에 앉아 새를 구경하기도 했다. 종종 마당에 사슴과 칠면조가 지나다닌다. 때론 박스 터틀box turtle이라 부르는 숲에 사는 거북이가 마당을 가로지르기

자연: 일상에서 발견하는 새로운 세계

(위) 2020년의 박스 터틀
(아래) 2023년의 박스 터틀
3년 만에 박스 터틀을 다시 만났다. 등껍질 무늬를 비교하면 분명히 같은 박스 터틀이라는 걸 알 수
있다.

★★ 알고 보는 즐거움

도 한다.

그런데 이웃들과 이야기를 나누다 숲도 관리가 필요하다는 사실을 알게 되었다. 잡목이 너무 빽빽하게 자라면 나무가 잘 자라지 못하고 심지어 죽기도 한다는 거다. 내 놀이터인데 내가 관리해야지 싶어 숲을 관리하는 법에 대한 책도 사서 읽고, 나무를 자르는 데 필요한 이런저런 장비도 갖췄다. 이제는 시간이 날 때마다 전동 톱을 들고 숲에 들어가 잡목을 자른다. 자른 나무들은 차곡차곡 쌓아두는데, 숲에 이런 무더기가 수십 개다. 몇 년을 관리하니 확실히 숲이 예뻐진다. 지금까지 자른 나무보다 잘라야 할 나무가 훨씬 많지만 말이다. 이제는 숲에 들어가 땀 흘려 일하는 게 취미가 되어서, 겨울이 지나 날이 풀려 다시 숲에 들어갈 수 있기만을 기다린다. 자른 나무들을 가져다 장작을 만들어 쌓아놓고 마당에 모닥불을 피운다. 아마도 은퇴하고도 건강만 허락한다면 계속 이렇게 살지 않을까 싶다. 나이 들어서 자연을 알게 된 나에게 이런 집이라니…. 아무 생각이 없던 나를 들쑤셔 이런 집으로 이사하게 한 아내에게 그저 감사할 뿐이다.

집은 경사면을 사이에 두고 숲을 내려다보는 위치에 있다. 처음 이사 왔을 때 그저 황량한 맨땅이던 이곳을 어떻게 할까 고민했지만, 결국에는 자연에게 맡겨두기로 했다. 그러니 클로버부터 시작해서 이런저런 잡초가 자라기 시작했다. 잡초일지라도 다 이름이 있고 자기만의 고유한 꽃을 피운다. 그러니 모르고 보면 잡초지만 알고 보면 야생화이다. 그렇게 찾아와 자라주는 야생화를 하나하나 살펴보는 데 재미가 붙었다. 이사온 지 3년이 지난 지금은 매주 새로운 야생화가 피어난다는 걸알게 됐다. 아침마다 우리 잡종견 시드니와 산책하며 오늘은어떤 야생화가 피었나 살펴본다. 드디어 봄이니 데이지daisy가피겠구나, 6월인데 세인트 존스 워트St. John's wort가 피겠네, 날씨가 선선하니 곧 골든 라드golden rod가 피겠구나…. 이제는 꽃의 이름과 함께 봄과 여름, 가을을 보낸다. 이렇게 철 따라 피어나는 야생화를 즐기다 보니 급기야 마당 잔디밭의 일부도 야생화가 피도록 방치하기로 했다. 아내의 허락을 받기가 힘들기는 했지만, 아내도 야생화를 보는 즐거움을 알게 되니 결국 허락했다. 나는 잔디 덜 깎아서 좋고 야생화 더 볼 수 있어서 좋다. 야생화 사이로 호두나무나 단풍나무같이 쉽게 싹을 틔우는나무를 씨앗부터 키워보는 것이 앞으로의 목표이다. 예전 집에서도 마당 한복판에 실버 메이플silver maple 씨를 심어 집보다더 크게 키운 전력이 있다. 10년이 걸릴지 20년이 걸릴지 모르겠지만 변해가는 마당을 바라볼 기대에 벌써부터 즐겁다.

물고기와 사랑에 빠지다

딸에게 야생화를 배운 나는 아들에게서는 낚시를 배웠다. 다른 아이들은 아빠가 낚시를 가르쳐줄 텐데 우리는 반대였다. 난 미국에서 낚시를 해본 적이 없어 가르쳐줄 수가 없으니 말이다. 재상이가 중학교에 들어가더니 친구들과 같이 낚시를 다니기 시작했다. 재미가 붙었는지 장비도 제법 마련하여 주말마다 챙겨 나가는 거다. 그래서 호기심에 나도 재상이를 따라 나가 낚시 바늘 묶는 것부터 배웠다.

마침 당시 걸어서 2분 거리에 연못이 있었다. 그 여름에는 정말 저녁마다 식사를 하고 나면 낚싯대를 들고 연못에 가서 줄을 던졌다. 미끼도 필요 없는 루어lure 낚시로 시작했다. 릴을 천천히 감으면 낚싯바늘에 달린 가짜 물고기가 헤엄치듯 딸려 오면서 물 아래 있던 고기가 덥썩 문다. 연못이 물 반 고기 반이라 잘되는 날은 열 마리 이상 잡혔다. 물론 잡은 물고기는 다시 풀어주었다. 크래피crappie와 블루길bluegill이 주로 잡혔는데, 큰입배스largemouth bass도 제법 살고 있어서 하루에 한 번 정도는 손맛 제대로 보게 해주는 40cm 이상의 대형 배스도 잡을 수 있었다. 길이 1m도 넘는 초어grass carp가 헤엄치는 것도 보이는데, 초식을 해서 우리 미끼는 거들떠 보지도 않았다.

자연: 일상에서 발견하는 새로운 세계

그렇게 연못에서 낚시를 하다 보면 온갖 생명을 볼 수 있다. 호수에 떠서 햇볕을 즐기는 거북이snapping turtle를 보기도 하고, 왜가리의 한 종류인 그레이트 블루 헤론great blue heron이 큰 날개를 퍼덕이며 날아오기도 하고, 청둥오리mallard가 새끼들과 같이 헤엄치기도 한다. 별로 크지도 않은 연못을 그토록 다양한 생명이 집 삼아 살아가고 있다는 걸 그 전에는 느끼지 못하고 있었다.

그렇게 낚시를 즐기다 낚시 게임 애플리케이션 광고에 현혹되어 스마트폰으로도 낚시를 하기 시작했다. 이 게임은 플로리다 바닷가에서 낚시를 하는 걸로 시작해 레벨이 올라가면서 전 세계의 다양한 낚시터를 방문하게 해준다. 모르는 물고기가 나오면 궁금해서 위키피디아Wikipedia에 들어가 하나하나 찾아보았다. 몇 개월간 그렇게 전 세계를 돌며 낚시를 하니 아는 물고기가 100가지가 넘었다. 게임에서 낯선 외국 물고기를 만나면 한국에서부터 알던 물고기 중에 어떤 물고기와 친척 관계인지도 궁금해 찾아봤다. 해덕haddock은 대구랑 비슷한 거네, 브림bream은 도미 친척이네 하다가, 아예 물고기 분류를 공부하게 되었다. 멸치, 준치, 청어, 정어리, 전어는 모두 청어목 Clupeiformes, 복어, 쥐치, 개복치는 모두 복어목Tetraodontiformes 이런 식이었다.

'목order'은 생물 분류 체계의 '계문강목과속종'의 네 번째 범주다. 계가 가장 광범위하고, 뒤로 갈수록 세분화된다. 사람은 동물계, 척색동물문, 포유강, 영장목, 사람과, 사람속, 사람종이다. 영장목에 가까운 이웃으로 설치동물인 토끼목과 쥐목이 있다. 사람과 쥐만 봐도 목이 다르다는 게 얼마나 차이가 나는 건지 감이 온다. 그런데 물고기에는 무려 60여 가지의 목이 있다.

결국 노트를 만들어서 목을 하나하나 써가면서 어떤 물고기들이 속해있고 어떤 특징이 있으며, 어떠한 목과 친척 관계인지 적어보았다. 이렇게 물고기의 종류를 살펴보니 이토록 다양한 물고기가 있다는 사실에 놀라지 않을 수 없었다. 지느러미가 달렸다고 해서, 물에서 헤엄친다고 해서 물고기라고 뭉뚱그리기에는 다양성이 상상 이상이었다.

물론 이 60여 가지의 목에 2만여 종이 넘는 물고기가 고루 분포하지는 않는다. 물고기뿐만 아니라 다른 생물도 마찬가지이다. 성공적으로 적응한 목에는 아주 다양한 종이 존재하지만, 그렇지 않은 목에는 종이 거의 남아있지 않기도 하다. 남은 몇 종마저 멸종하면 그 목은 아예 사라진다. 물고기 중 성공적인 목은 뭐니 뭐니 해도 농어목Perciformes이다. 약 1만 종의 물고기가 이 목에 속하는데, 이는 전체 물고기 종의 약 40퍼센트

자연: 일상에서 발견하는 새로운 세계

에 이르고, 전체 척추동물 중에서도 가장 큰 목이다. 농어목에는 농어, 조기, 볼락, 전갱이, 놀래기, 병어, 배스, 가물치, 망둥이 등 우리가 아는 물고기가 무척 많다. 아이들에게 물고기를 그려보라고 했을 때 그리는 물고기의 전형적인 모습이 농어목 물고기라고 보면 대개 맞다.

하여간 물고기가 속한 목을 살펴보니 형태도, 헤엄치는 방식도, 번식하는 방법도 무척이나 다양했다. 그렇게 물고기의 세계에 푹 빠져버렸다.

우리 모두가 물고기였다니

물고기의 세계에서 놀라운 건 다양함뿐만이 아니었다. 양서류, 파충류, 조류, 포유류 같은 척추동물이 분류학상으로 다 물고기라는 충격적인 사실을 알게 되었다. 뭔 소리인가 싶을 거다. 하지만 사실이다. 목 바로 위에 있는 범주가 '강class' 인데, 앞에서 언급한 청어목, 복어목, 농어목이 모두 조기어강 Actinopterygii에 속한다. 여기서 '조기條鰭'는 말려서 굴비를 만드는 생선 조기가 아니고, 지느러미가 가시로 되어 있다는 의미의 'actinopterygii'를 한자로 번역한 말이다(條는 가지 조, 鰭는

★★ 알고 보는 즐거움

지느러미 기이다). 그런데 모든 물고기가 조기어강에 속하지는 않는다. 그렇다면 지느러미가 가시로 되어있지 않은 물고기가 있다는 말일까? 그렇다. 육기어강Sarcopterygii이 있다(다음 페이지 도표). 여기서 육기肉鰭는 지느러미가 살로 되어있다는 의미이다. 육기어강에 속한 물고기는 극소수이다. 두 종의 실러캔스coelacanth와 여섯 종의 폐어lungfish뿐이다. 이 물고기의 지느러미를 구성하는 뼈를 보면 양서류, 파충류, 포유류와 같은 사지동물tetrapods의 다리뼈와 무척 흡사하다. 단지 형태만 유사한 것이 아니라 유전적으로도 우리가 알고 있는 사지동물은 모두 이 육기어강 물고기의 조상에서 진화한 후손이다. 그렇기에 양서류, 파충류, 조류, 포유류는 분류학상 육기어강에 속한다. 포유류인 인간도 예외가 아니다. 아니, 우리 모두가 물고기였다니!

자, 그러면 분류학상으로 조기어강과 육기어강 위에는 뭐가 있나? 이 둘을 합쳐서 경골어류Osteichthyes라고 한다. 뼈가 단단해서 경골硬骨이다. 그렇다면 경골어류가 아닌 물고기도 있을까? 물론이다. 상어와 가오리는 물렁뼈를 가진 연골어류Chondrichthyes이다. 가오리찜을 뼈째 씹어 먹을 수 있는 이유가 가오리가 연골어류이기 때문이다. 그러니 경골어류인 도미는 연골어류인 상어보다 같은 경골어류 육기어강에 속하는 사람과 더 가깝다! 연골어류는 경골어류와 뼈만 다른 게 아니고 경골어류는 다 가지고 있는 부레swim bladder도 없다. 그래서 연골어류는 가만히 있으면 가라앉는다. 게다가 아가미의 구조도 전혀 다르다. 경골어류는 아가미에 근육이 있어 아가미를 움직여 호흡할 수 있지만, 연골어류의 아가미에는 근육이 없다. 따라서 헤엄쳐 나가면서 입안으로 밀려 들어오는 물로 호흡을 한다. 그래서 연골어류인 상어와 가오리는 쉬지 않고 헤엄을 친다. 상어는 잠을 자지 않는다는 말이 여기서 나온 것이다.

그 위로 더 올라가 보자. 경골어류든 연골어류든 다 유악류Gnathostomata에 속한다. 턱뼈가 있어서 그렇게 불린다. 당연히 인간을 비롯한 사지동물도 유악류에 속한다. 그럼 턱뼈가 없는 물고기도 있을까? 무악류Agnatha 물고기가 있다. 대표적으로 칠성장어와 먹장어가 여기에 속한다. 먹장어는 바로 우리가 소주 안주로도 즐겨 먹는 곰장어이다. 그러니 먹장어는 경골어류인 민물장어는 물론 연골어류인 상어와도 거리가 먼 물고기인 셈이다. 언젠가 한국을 방문해서 친구들과 곰장어 집에 앉아 곰장어와 민물장어가 얼마나 다른지 이야기하면서 곰장어는 (분류학상) 장어가 아니라고 했더니, 마침 곰장어 구워주러 오셨던 사장님께서 들으시고 뭔 소리냐고 펄쩍 뛰셨다. 장어에는 뱀장어(민물장어), 아나고(붕장어), 하모(갯장어), 곰장어 이렇게 4가지가 있다고 곰장어도 당연히 장어라고 말씀하셔서, 결국 내가

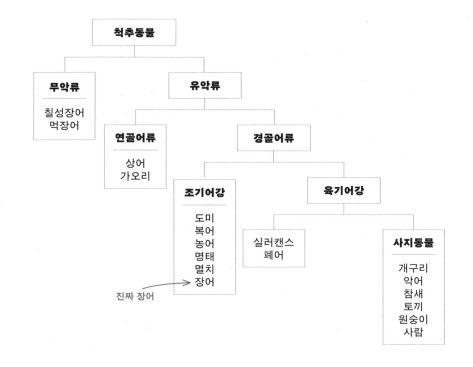

접고 말았던 슬픈 역사가 있다. 뭐 장어를 어떻게 정의하느냐
의 문제겠다. 식품으로서 또 생선으로서 장어를 정의한다면 그
런 관습적인 분류가 전혀 틀린 말은 아니다. 하지만 생물학적
인 분류는 그렇지 않다. 붕장어, 갯장어, 민물장어는 장어목 물
고기가 맞다. 별미 음식 곰치탕의 재료인 곰치(또는 물곰)도 장
어목 물고기이다. 그런데 장어목에 속하지 않고도 장어라는 이

름으로 불리는 물고기도 있다. 전기뱀장어는 장어목에 속하지 않고, 나이프피시knifefish와 같은 김노투스목Gymnotiformes에 속한다. 심지어 먹장어(곰장어)는 유악류도 아닌 턱도 없는 무악류에 속한다. 사장님께서 이 책을 보셔야 내 소심한 복수가 이루어질 텐데….

민어의 부레, 복어의 이빨, 그리고 장어의 여행

경골어류가 가지고 있는 부레의 주 용도는 공기를 채워 부력을 얻는 것이지만, 많은 물고기들이 부레를 그 외에도 다양한 목적으로 활용한다. 무엇보다 부레를 마치 폐처럼 이용해 혈액에 산소를 공급하는 물고기들이 있다. 폐어의 경우에는 부레가 아예 폐lung와 같은 형태를 띤다. 그래서 인간을 포함하여 사지동물이 가지고 있는 폐가 물고기의 부레에서 진화했다는 설명이 나온 것이다. 잉어나 메기같이 부레를 마치 고막처럼 사용하는 물고기들도 있다. 이 물고기들은 베버기관Weberian apparatus이라는, 부레와 청각기관을 연결하는 특별한 뼈 구조를 가지고 있는데, 우리 귀에서 고막과 달팽이관을 연결하는 귓속뼈와 유사한 기능을 한다. 그래서 외부의 소리에 의해 부레가

　　　　　★★ 알고 보는 즐거움

진동하면 이 뼈들이 그 진동을 청각기관에 전달해 소리를 듣도록 한다.

부레를 발성기관으로 사용하는 물고기도 있다. 민어drum와 조기croaker는 배에 있는 발성근육sonic muscle으로 부레를 두들겨 소리를 낸다. 민어의 영어 이름이 드럼인 이유가 물속에서 북소리를 내기 때문이고, 조기의 영어 이름이 크로커인 이유도 물속에서 끼룩거리는croaking 소리를 내기 때문이다. 그래서 예전에 민어를 잡는 어부들이 대나무로 만든 관을 물에 넣어 민어의 위치를 찾기도 했다고 한다. 민어의 부레를 참기름에 찍어 먹는 게 별미라고 하는데, 이렇게 두드리는 용도에 적합하게 진화하면서 쫄깃한 식감을 가지게 된 게 아닌가 싶다.

복어가 속한 복어목 복어과Tetraodontidae의 영어 이름은 4를 의미하는 그리스어 테트라τετρα와 이빨을 뜻하는 그리스어 오도스□δοὺς에서 유래했다. 복어에는 실제로 이빨이 위아래 2개씩 나있는데, 정말 사람의 앞니와 비슷하게 생겼다. 어떻게 보면 귀엽기도 한데, 절단력은 심히 공포스러울 정도이다. 사람의 손가락도 자를 수 있을 정도라니 복어의 이빨은 반드시 조심해야 한다. 다들 잘 알다시피 복어의 알과 난소에는 테트로도톡신tetrodotoxin이라는 치명적인 맹독이 있다. 이 독의 이름이 바로 이빨 4개라는 의미의 복어 학명에서 온 것이다. 테트로도

톡신은 신경독으로 신경세포가 신경을 전달할 때 핵심적인 기능을 하는 나트륨 채널voltage-gated sodium channel이라는 단백질에 결합해 신경전달을 막아버린다. 화나면 몸을 부풀리는 것까지, 복어는 참으로 다양한 방어 수단을 갖춘 독한 물고기이다. 그런데 전 세계에서 유일하게 한국과 일본에서는 이런 독한 복어까지 맛있게 먹는다. 게다가 고급 음식이다.

민물장어만큼 생태가 독특한 물고기는 없을 듯하다. 뱀장어라고도 하는 민물장어는 강에 살다가 봄이 되면 번식하기 위해 바다로 간다. 바다에 살다가 번식할 때가 되면 강으로 올라가는 연어와는 방향이 반대이다. 이렇게 바다로 나간 장어는 아무것도 먹지 않고 어디론가 멀리멀리 헤엄쳐 가서 번식을 하고 생을 마감한다. 그러면 알에서 깨어난 장어의 치어는 또 해류를 따라 흘러오다가 육지에 닿으면 강을 거슬러 올라간다. 이때 치어의 크기는 겨우 몇 센티미터에 불과하다. 강에서 수년간 성장한 뱀장어는 산란기를 맞이하면 번식을 위해 다시 바다로 향한다. 바다로 가는 장어는 긴 여행과 번식을 위해 몸에 지방을 잔뜩 저장하고 간다. 그래서 이때 잡은 장어가 가장 기름지고 맛있다고 한다. 그 유명한 풍천 장어도 3월과 6월 사이에 전라북도 고창군의 강과 바다가 만나는 곳에서 바다로 나가는 장어를 잡아 올린 것이다.

도대체 이 민물장어들이 어디로 가서 번식을 하는지가 오랫동안 미스터리였는데 최근에 밝혀졌다. 도쿄대학교 연구 팀의 연구 결과에 의하면, 한국, 일본, 중국 일대의 민물장어들은 수천 킬로미터를 헤엄쳐 괌이 있는 마리아나제도까지 가서 번식을 한다! 그리고 거기서 부화한 치어들은 구로시오해류를 타고 다시 돌아온다. 우리는 여전히 왜 민물장어가 번식을 위해 이런 대장정을 떠나는지 알지 못한다. 하지만 장어 드실 때마다 수천 킬로미터를 헤엄쳐 부모가 살던 곳을 찾아온 장어의 그 길고 길었던 여정을 생각하고 감사하는 마음을 갖길 바란다. 그리고 혹시 곰장어를 드시게 되면, 이건 장어가 아니라고 꼭 한마디 해주시길 바란다.

자연은 만만치 않다

초여름이 되면 우리 집 마당 주변으로 옐로 스위트 클로버 yellow sweet clover가 가득 피어난다. 우리가 흔히 보는 클로버와 친척이기는 하지만 키가 1m 이상 자라고 꽃 뭉치가 동그랗지 않고 길쭉하다. 옐로 스위트 클로버가 만발하면 공기 중에 달콤한 향이 은은하게 퍼진다. 이 향의 정체는 쿠마린coumarin이라는 물질로, 달콤한 향과 달리 맛은 쓰다. 여러 식물이 쿠마린을 만드는데, 그러면 맛이 써서 초식동물들이 잘 먹지 않는다. 쿠마린은 항응고제인 와파린warfarin을 만드는 데 흔히 쓰이는데, 여기에는 흥미로운 역사가 있다.

1920년대 미국에서 가축으로 키우던 소들이 과다출혈로 죽는 일이 있었다. 원인은 바로 곰팡이가 슨 건초였다. 당시 미국은 대공황으로 경제적인 어려움을 겪고 있어서 소를 키우던 농부들이 곰팡이가 슬어 못 쓰게 된 건초를 버리지 않고 소에게 먹였고, 상한 건초를 먹은 소들이 과다출혈로 죽은 것이었다. 1930년대 위스콘신대학교의 칼 링크Karl Link 교수는 수년에 걸친 연구 끝에 곰팡이가 슨 건초에서 혈액의 응고를 억제하는 디쿠마롤dicoumarol이라는 항응고물질을 분리해 낸다. 건초에 섞여있던 옐로 스위트 클로버의 쿠마린이 곰팡이의 대사작용에 의해 디쿠마롤로 바뀌고, 이 물질의 항응고 작용으로 소들이 과다출혈을 일으킨 것이다. 디쿠마롤의 항응고 작용을 확인한 링크 교수는 쥐약으로 쓸 목적으로 디쿠마롤의 구조를 조금씩 바꾸어가며 여러 유도체derivatives를 만들었는데, 그중 하나가 와파린이었다. 1948년 위스콘신대학교는 이 새 '쥐약'의 특허를 취득하였고, 와파린은 순식간에 인기 쥐약이 되었다. 그런데 와파린이 사람의 혈액에도 응고를 억제하는 효과가 탁월하다는 것이 알려져, 1954년 와파린은 쥐약에서 사람이 사용하는 약으로 신분 상승을 하게 되었다.

혈관 내에서 혈액이 응고하면 혈전thrombus이 형성되고, 혈전은 몸 전체를 떠다니다가 혈관이 좁은 곳에 가면 피의 흐름을 막아버린다. 혈관 막힘이 뇌에서 발생하면 뇌졸중의 원인이 되고, 심장에서 발생하면 심장마비의 원인이 된다. 그래서 혈전이 발생하는 걸 예방하기 위해서 위험군에 속한 환자들에게 항응고제를 쓰기도 한다. 이러한 항응고제의 대표 격이 와파린이고, 지금도 미국에서 약 2000만 명이 와파린을 복용하고 있다.

2000년대 초반 K-드라마의 원조 역할을 했던 〈대장금〉을 보면, 의녀로 수련받던 장금이 약초와 독초를 구별하는 시험을 치르는 에피소드가 있다. 안타깝게도 장금이는 시험을 통과하지 못하고, 장금이의 단짝 친구 신비는 시험을 통과한다. 정답은 '약초와 독초는 다르지 않다'였다. 어느 약초든 과하게 쓰면 독이 될 수 있고, 독초도 적당량 사용하면 약이 될 수 있다는 뜻이었다. 높은 농도에서는 쥐를 죽이는 쥐약이지만 낮은 농도에서는 사람의 생명을 구할 수 있는 와파린이야말로 이 문제의 전형적인 예가 아닐까 싶다.

옐로 스위트 클로버의 쿠마린은 맛은 써도 그 자체로서 독성이 있지는 않다. 단지 곰팡이가 자라면서 덩치 큰 소도 죽일 수 있는 디쿠마롤이라는 독이 만들어진 것뿐이다. 하지만 집 근처 풀밭에만 해도 독을 지닌 식물을 쉽게 찾을 수 있다. 여름이면 종종 보이는 독당근hemlock은 코니인coniine이라는 독성 물질을 가지고 있다. 코니인은 150~300mg 정도가 치사량이라고 하는데, 독당근의 코니인 함량은 무척 높아, 잎 몇 장이면 치사량의 코니인을 얻을 수 있다고 하니 무시무시하다. 예전에는 이 독당근으로 사약을 제조했다고도 하는데, 소크라테스가 마신 사약이 바로 이 독당근으로 만든 약이었다고도 한다. 코니인은 화학적으로 니코틴nicotine과 구조 및 작용 방식이 유사하다. 사실 니코틴은 코니인보다 독성이 더 강해 30~40mg이 치사량이다. 다행인지 담배 한 개비의 니코틴 함량은 1mg 정도여서 담배를 피우는 것만으로 니코틴 과다 복용에 이르기는 상당히 어렵다.

역시 여름이면 미국 중서부 초원에서 흔히 볼 수 있는 스네이크루트snakeroot라는 야생화도 독성이 있다. 1800년대 초반 미국 중부에 정착한 미국인들은 우유병milk sickness이라는 원인 모를 병에 시달렸다. 우유를 마시고 나서 극심한 복통과 구토 증세를 보이고 사망에 이르기도 하는 질병이었다. 당시에 수천 명이 이 원인 모를 질병으로 사망했다고 하는데, 미국의 제16대 대통령 에이브러햄 링컨Abraham Lincoln의 어머니도 링컨이

어렸을 때 우유병으로 사망했다고 추정된다. 1830년경 애나 빅스비Anna Bixby라는 의사가 미국 중부에 자생하는 스네이크루트가 그 원인임을 밝혀냈다. 스네이크루트에는 트레메톨tremetol이라는 독성물질이 있는데, 소가 이 식물을 먹고 만든 우유에 독성물질이 들어가게 되고, 결과적으로 우유를 섭취한 사람들이 우유병을 겪게 되었던 것이었다. 일설에 의하면 빅스비는 어느 아메리카 원주민 여성에게 스네이크루트가 우유병의 원인이라는 이야기를 듣고, 직접 확인하기 위해 스네이크루트를 모아 소와 토끼에게 먹여보았다고 한다. 미국 대륙에 대대손손 살고 있었던 아메리카 원주민들은 이 풀의 정체를 알고 있었지만, 유럽에서 이주해 온 정착민들은 그 사실을 모르고 많은 희생을 겪어야만 했던 것이다. 그 후 지역 주민들은 빅스비의 말에 따라 소를 키우던 목초지에서 스네이크루트를 모두 제거했고, 우유병 발생이 크게 감소했다.

야생 버섯 중에 독버섯이 많다는 건 잘 알려진 사실이다. 미국 대륙의 야생 버섯도 마찬가지이다. 식용 가능한 야생 버섯이 몇 종 있기는 하지만, 버섯에 대해서 정말 잘 아는 경우가 아닌 이상 야생 버섯을 식용으로 채취하지 말라고 한다. 어느 가을, 집 앞 마당 한편에 버섯이 빽빽이 자라있는 걸 발견했다. 노르스름한 색에 통통한 모습이 제법 먹음직스러워 식용 가능한 버섯인지 궁금증이 도졌다. 하지만 워낙 독버섯이 많으니 확실하지 않은 이상 절대 시도해서는 안 될 일이다. 구글에 들어가 미국 중부에서 자라는 야생 버섯의 목록을 검색해 형태가 비슷한 버섯을 찾았다. 2가지 버섯이 후보로 떠올랐다. 벨벳풋velvet foot이라고 불리는 야생팽이버섯과 갈레리나galerina였다. 참고로 팽이버섯은 재배할 때는 빛을 차단해서 콩나물처럼 가늘게 자라지만 야생에서는 제법 크게 자란다.

인터넷으로 찾은 사진 속의 두 버섯 모두 마당에서 찾은 버섯과 모양이 무척 흡사해 도저히 구별할 수 없었다. 그런데 야생팽이버섯은 식용 가능하지만, 갈레리나는 맹독성 버섯으로 절대 먹어서는 안 된다고 했다. 역시나 이 두 버섯은 구별하기 힘드니 야생팽이버섯을 발견하더라도 먹지 말라는 조언이 인터넷에 한가득이다. 그래도 구별하는 방법이 있겠거니 하고 한참 찾다 보니 포자문spore print으로 구별할 수 있다고 했다. 종이 위에 버섯을 올려놓고 한참을 기다리면 버섯의 포자가 종이에 내려앉아 포자문을 만드는데, 야생팽이버섯의 포자는 하얀색이고 갈레리나의 포자는 갈색이란다. 그래서 마당에 나가 버섯을 따서 종이 위에 올리고 유리컵으로 덮어두었다. 초조하게 기다리다가 몇 시간 뒤 종이 위의 포자문을 보니 선명한 갈색이었다! 역시 자연은 만만치가 않다.

선명한 갈색 포자문. 모르고 먹었다가는 저세상 갈 뻔했다. 야생 버섯은 먹지 않는 것이 현명하다.

쓰면 뱉지만 몸에 좋은 약은 쓰다?

자연은 좋고 인공은 나쁘다는 상당히 단순한 이분법적 사고를 가진 이들이 종종 있다. 하지만 자연이 인간에게 그렇게 우호적이지만은 않다. 사실 자연의 모든 동식물과 미생물은 자기 살기에 바빠서 인간에게 호의를 베풀고 어쩌고 할 여력이 없다. 누군가는 먹히지 않아야 살아남고, 누군가는 먹어야 살

　　　　　　　　　자연: 일상에서 발견하는 새로운 세계

아남는 게 자연이다. 그러다 보니 먹히는 입장에서는 온갖 방어 수단을 발전시켜 왔다. 당연하게도 식물은 맛이 쓴 경우가 아주 흔하다. 그리고 식물이 만든 쓴 물질이 동물에게 독인 경우 역시 흔하다(1장 음식 참조). 반면 새나 동물이 열매를 먹어 씨를 퍼뜨리는 과정을 거쳐 번식하는 식물은 맛있는 열매를 만든다. 당연히 동물들도 먹을 수 있는 식물과 먹을 수 없는 식물을 구별해 먹어야 하는데, 우리처럼 서로 정보를 나누고 후손에게 전달하지 못하는 다른 동물들은 단순하게 맛으로 구별한다. 쓰면 뱉고 달면 삼키는 거다. 쓸수록 해로울 가능성이 높으니 쓰면 뱉어 생존 확률을 높인다.

우리가 먹는 채소는 이렇듯 쓴맛이 나는 식물을 재배하면서 그나마 쓴맛이 덜한 후손을 고르고 골라 얻은 것들이다. 브라시카 올레라케아Brassica oleracea라는 야생 배추가 있다. 역시 맛이 쓰다. 인류는 이 쓴 야생 식물을 오랜 기간 재배하면서 배추, 무, 브로콜리, 케일, 방울다다기양배추brussel sprout 등 온갖 채소를 만들었다. 미국에서 채소를 키우다 보면 사슴이나 토끼가 와서 먹어치우는 일이 너무도 흔해, 정말 채소 좀 수확하려면 얘네들과 끝없는 전쟁을 벌여야 한다. 왜 들판에 널린 게 풀과 나뭇잎인데 굳이 위험하게 사람 사는 집 마당까지 들어와 채소를 먹어치울까? 당연하다. 자연에는 그렇게 달고 맛있는 식물이 거의 없기 때문이다. 자연에서 그나마 덜 쓴 풀을 찾아 먹던 토끼와 사슴에게 인간이 키우는 채소는 위험을 감수할 만큼 맛있는 거다.

인간이 오랫동안 그나마 먹을 만한 식물을 만들어왔음에도 채소를 좋아하지 않는 사람들이 종종 있다. 최근 연구에 의하면 그런 사람들은 유전적으로 쓴맛을 더 강하게 느낀다는 분석이 있다. 그들에게는 우리가 키우는, 그리고 사슴과 토끼도 사랑하는 채소가 아직도 많이 쓴 거다. 채소를 즐기지 못하니 딱하기도 하지만, 모를 일이다. 그 예민한 입맛 때문에 독을 감별해 내고 죽음의 고비를 넘길 수 있을는지도.

위에 언급했듯이, 식물이 만드는 독은 우리에게 유용한 약이 되기도 한다. 한의학에서야 당연히 약용식물을 주로 약으로 사용한다. 하지만 서양의학이라고 다르지 않다. 우리가 현재 임상에서 쓰는 약의 약 3분의 2가 천연물natural products이거나 천연물로 만들어낸 물질이라고 한다. 이 천연물의 상당수가 식물 또는 곰팡이에서 추출한 물질이다. 쿠마린을 변형해 만든 와파린을 비롯해 버드나무 껍질에서 얻은 살리실산salicylic acid으로 만든 아스피린aspirin, 양귀비꽃에서 추출한 진통제 모르핀morphine, 푸른곰팡이에서 찾은 항생제 페니실린penicillin 등 우리에게 익숙한 많은 약이 이와 같이 천연물에서 기원했다. 물론 약이 된 천연물이 다 독은 아니고, 식물의 독이 다 약이 되는 건 아니지만, 독과 약은 동전의 양면과 같이 밀접한 관계를 가지고 있다. 그래서 독을 연구하는 독성학toxicology이라는 학문 분야가 실은 약을 연구하는 약리학pharmacology의 한 분과라고 볼 수도 있다. 독이든 약이든 결국은 우리 몸에 들어가 모종의 생리적인 변화를 일으키는 생리활성물질bioactive compounds이라서 작용하는 방식이 무척 비슷하기 때문이다. 그리고 이런 생리활성물질은 기본적으로 맛이 쓰다. 우리의 혀는 독이 될 수도 있는 이 생리활성물질을 걸러내기 위해서 쓴맛을 느끼게 되어있다. 그래서 '몸에 좋은 약은 입에 쓰다'는 말도 맞고, '쓰면 뱉고 달면 삼킨다'는 말도 맞다.

우리는 심지어 이렇듯 쓴맛이 나는 생리활성물질을 기꺼이 찾아 즐기기도 한다. 커피의 카페인, 담배의 니코틴이 대표적인 예이다. 두 물질 모두 곤충을 죽일 수 있는 독성물질이다. 커피도 담배도 다 곤충에게 좀 덜 먹히고 살아보려고 독성물질을 만든 건데, 사람은 이 쓴맛 나는 물질의 활성을, 특히 두뇌에 미치는 각성작용을 무척이나 즐기게 된 것이다. 물론 과량으로는 사람을 죽일 수 있다. 앞에서 언급했듯 니코틴은 상당히 강력한 독이다. 단지 커피 몇 잔, 담배 몇 개비로는 치사량에 이르지 않기에 어느 누구도 독이라는 생각을 못하고 있을

뿐이다. 참고로, 담배가 폐암을 일으키는 건 니코틴의 독성 때문은 아니다.

매미는 언제 땅속에서 나오는 게 좋을까?

새집으로 이사 온 다음 해인 2021년 5월, 마당에 매미가 보이기 시작했다. 이 동네에서 매미를 보는 게 특별한 일은 아니었는데 그해는 달랐다. 매미가 아주 많이 보였다. 아침에 마당 주변으로 나가면 굼벵이에서 빠져나온 지 얼마 되지 않아 아직 정신을 못 차리고 있는 매미 수십 마리를 쉽게 찾을 수 있었다(다음 페이지 사진). 17년간 땅속에서 살다가 드디어 올라온 브루드 10brood X 매미였다.

미 대륙에는 이렇게 17년을 땅속에서 유충(굼벵이)으로 살다가 올라오는 매미가 많다. 올라와서는 한 달 정도 엄청나게 울어대다 번식하고 생을 마감한다. 그리고 그들이 남긴 알에서 깨어난 유충은 또 땅속에서 17년을 보낸다. 그러니 같은 종의 매미라고 해도 태어난 해가 다르면 서로 만날 일이 없다. 같은 해에 태어나 같이 올라오는 매미들만 만나서 번식을 하니 말이다. 그래서 이렇게 같은 해에 태어나는 매미들을 브루

이른 아침 마당가에서 발견한 매미들. 굼벵이에서 막 나와 아직도 정신을 못 차리고 있다.

드brood라고 부른다. 땅 위로 올라오는 데 17년이 걸리니 이론적으로 17개의 브루드가 있어야 한다. 17년 주기 매미뿐 아니라 13년 주기 매미도 있어서, 17년 주기 매미 브루드를 1번에서 17번까지, 13년 주기 매미 브루드를 18번부터 30번까지 로마자로 번호를 붙여 부른다. 이론적으로는 그렇지만 실제로는 17년 주기 매미는 12개의 브루드, 13년 주기 매미는 3개의 브루드만 관측되었다. 다른 해에 속하는 브루드는 아마도 멸종한 것으로 보인다.

★★ 알고 보는 즐거움

2021년은 17년 주기 매미 중 브루드 10이 올라오는 해였다. 5월이 되기 전부터 미디어에 매미에 대한 이야기가 넘쳐났다. 그 이유는 브루드 10이 가장 큰 브루드이기 때문이다. 지난번 브루드 10이 올라왔던 2004년 역시 어마어마한 수의 매미가 미국 동부를 덮쳤다. 그 매미의 자손이 17년을 보내고 드디어 올라올 때가 된 거다. 아니나 다를까 정말 많은 매미가 나왔다. 미국 동해안은 파도에 죽은 매미가 쓸려와 모래사장이 다까맣게 덮였을 정도였다. 인디애나주는 브루드 10 서식지의 서쪽 끝에 해당되는 지역이어서인지 그렇게 심하지는 않았지만, 그래도 무슨 매미가 이렇게 많나 싶을 정도는 되었다. 게다가 우리 집에 딸린 숲은 보존이 잘되어서인지 마당을 걷다 보면 날아가는 매미와 부딪칠 정도로 매미가 많았다. 시끄러운 건 두말할 나위가 없었다. 시끄러워 괴로웠지만, 17년을 기다렸다 이제 나와서 겨우 한 달 데이트하는데 뭐 그럴 만도 하다고 이해했다. 이 대목에서 매미라는 존재의 본질은 과연 한 달 살고 마는 날개 달린 성충인가 땅속에서 17년을 산 유충인가 하는 철학적 질문을 던질 수도 있겠다. 답은 나도 모른다.

매일같이 매미를 보니 호기심이 생겨 매미에 대한 신문기사를 찾아 읽었다. 그런데 매미를 먹어도 된다는 글이 제법 보였다. 뭐 한국에서도 메뚜기도 볶아 먹고 번데기도 삶아 먹고

자연: 일상에서 발견하는 새로운 세계

하니 곤충을 먹는 게 그리 낯선 건 아니지만, 미국 신문에 매미를 먹어도 된다는 기사가 나오다니 신기할 수밖에. 어느 기사는 매미를 재료로 다양한 요리법을 시도하는 요리사들을 소개하며, 매미를 가장 맛있게 먹는 방법은 날로 먹는 것이라는 내용을 전했다. 하! 호기심 하면 박치욱인데, 내가 이렇게 맛있다는 매미 맛을 봐야겠다는 사명감이 들었다. 이번에 안 먹으면 또 17년을 기다려야 하는데 그때까지 내가 살아있을 거라는 보장도 없지 않냐는 합리화도 매미를 먹겠다는 마음에 힘을 실어주었다. 물론 아내의 허락을 받았다. 말린다고 막을 수 있는 호기심이 아니라는 걸 잘 아는 아내는 포기하듯이 그러라고 했다. 대신 먹고 나면 키스는 생각도 말라고 엄포를 놓았다. 그래서 결국 한 마리를 잡아 입에 넣었다(끔찍하다고 생각하시는 독자는 그냥 다음 문단으로 넘어가시기를 바란다). 의외로 부드럽고 고소한 맛이었다. 전혀 비리거나 쓴맛이 없었다. 물론 물컹한 식감과 입에서 겉도는 다리가 상당히 낯설기는 했지만 말이다. 그 뒤에 몇몇 미국인 친구들과 같이 시식하기도 했다. 역시 호기심 많던 친구들도 따라서 먹더니 다들 의외로 먹을 만하다고 인정했다. 그날 저녁 한 친구의 부인에게서 항의 문자를 받기는 했다. 하지만 단호히 말하건대 난 결코 강요하지는 않았다.

앞에서 매미라는 존재의 본질에 대한 철학적인 질문을 언급했는데, 이 17년 주기와 13년 주기의 매미의 삶에는 수학적인 질문도 있다. 13과 17은 1과 자신 외에는 약수가 없는 소수prime number이다. 땅속에서 오래 버티다가 나오는 것도 신기하지만 아니 왜 하필 13과 17이냔 말이다. 지금은 타계한 전설적인 진화생물학자 스티븐 제이 굴드Stephen Jay Gould의 책《다윈 이후》에 설명이 나와있다. 진화생물학에서는 포식자의 생애주기와 겹치는 걸 피하다 보니 이렇게 진화했다고 설명한다. 예를 들어 12년 만에 땅 위에 올라오면, 생애주기가 2년, 3년, 4년, 6년인 포식자의 생애주기와 겹치게 되고, 이 포식자들은 진화를 통해 매미를 선호하는 입맛을 획득할 수 있다. 그러다 보니 포식자의 생애주기와 겹치기 힘든 소수의 생애주기를 가진 매미가 생존에 더 유리했고, 그 결과가 우리가 보는 13년 주기와 17년 주기의 매미라는 거다. 굴드의 책에서 이 놀라운 현상을 처음 접했을 때, 포식자와 피식자의 줄다리기가 진화를 통해 이와 같은 수학적인 결과를 만들었다는 사실을 깨닫고 소름이 돋을 정도였다. 그리고 나는 수십 년이 흘러 그 17년 주기를 가진 매미도 피할 수 없었던 포식자가 되었다.

자연의 신비를 배워가는 즐거움

자연: 일상에서 발견하는 새로운 세계

자연에 감춰진 또 다른 수학적인 신비로 피보나치 수열 Fibonacci sequence이 있다. 1, 1, 2, 3, 5, 8, 13, 21, 34… 이렇게 진행되는 무한수열로, 앞의 항 두개를 더하면 그 다음 항의 값이 나오는 규칙을 가진 수열이다(3 + 5 = 8). 뭐 별로 쓸모도 없어 보이는 수열인데, 희한하게도 자연에서 이 피보나치 수가 종종 발견된다. 예를 들어 해바라기에 빽빽하게 들어있는 씨의 배열을 들여다보면, 오른쪽으로 감긴 나선과 왼쪽으로 감긴 나선이 모두 있는데 두 나선의 수가 피보나치 수인 34과 55이다. 해바라기뿐만이 아니다. 솔방울의 나선을 세어봐도 피보나치 수가 나오고, 알로에의 나선을 세어봐도 피보나치 수가 나온다. 생화학을 공부하는 입장에서 "도대체 왜?"라는 질문을 하지 않을 수가 없다. 너무 궁금해서 정말 피보나치 수에 대해 닥치는 대로 찾아 읽던 때가 있었다.

놀랍게도 이 피보나치 수열은 황금비golden ratio와 관련이 있다. 수열의 앞뒤에 나오는 숫자의 비율을 계산해 보면 황금비인 1.618…에 수렴한다(21/13 = 1.61538…). 황금비는 유클리드도 연구했던 역사 깊은 비율이고, 건축물의 구조나 미술 작품에도 자주 등장해 조화롭고 아름다운 비율로 언급되는 뭔가 수학적인 신비가 있는 비율인데 말이다. 물론 아름다움이란 상

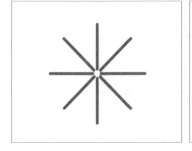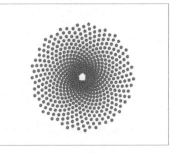

(좌) 135도 간격으로 배치한 입자 (우) 137.5도 간격으로 배치한 입자. 단지 2.5도의 변화가 만드는 차이가 놀랍다. 자연의 입자들은 그저 물리 법칙을 따르면서 저절로 가장 안정적이고 효율적인 황금 나선을 찾게 된다.

당히 주관적이기도 하고 문화의 영향도 큰 가치이니 황금비라는 수치 하나로 정량화할 수는 없으리라고 본다.

황금비 또한 피보나치 수열만큼 자연에서 자주 관측된다. 원의 각도인 360도를 황금비로 나누면 작은 호의 각이 137.5도가 되고 이를 황금각golden angle이라고 하는데, 식물 줄기에서 잎이 137.5도씩 돌아가면서 나오는 경우가 종종 보인다. 또 황금각이 한 점에서부터 시작하여 나선형으로 회전하면 황금나선golden spiral이라는 구조가 만들어지는데, 소라 껍질의 나선 구조에서도, 해바라기 씨의 배열이 만드는 나선 구조에서도 이황금나선이 관찰된다.

왜 이렇게 자연에서 피보나치 수와 황금비가 많이 관찰될

자연: 일상에서 발견하는 새로운 세계

까? 어떤 입자를 평면 위의 한 점에서부터 시작해 나선형으로 배치할 때 가장 밀집되고 안정적인 구조를 만들 수 있는 방법이 바로 입자들을 황금각마다 배치하는 것이다. 만약에 360도를 3:5로 나누어 135도 간격으로 입자를 배치하면, 결국 입자들이 그 전 입자와 겹쳐서 8개의 방사상의 선으로 배치되는데 공간이 심하게 낭비된다(이전 페이지 그림). 유리수(3/8 = 0.375)에서는 이렇듯 반복된 패턴이 나올 수밖에 없다. 그런데 황금각인 137.5도 간격으로 입자를 배치하면 놀랍게도 빽빽한 배치를 만들 수 있다(이전 페이지 그림). 단지 각도를 2.5도 늘렸을 뿐인데 너무도 다르다. 황금비는 무리수여서 그 전 입자와 겹치지 않아 방사상 구조가 나오지 않는다. 결국 황금비는 입자들이 나선형으로 2차원 공간을 채우는 안정적인 구조를 만들 때, 물리적인 원인으로 저절로 나오게 되는 비율이다. 해바라기를 예로 들면, 중앙에 있는 줄기세포가 계속 새로운 세포를 만들어 밀어내고 각각의 세포가 나중에 하나의 씨로 자라나면, 누가 일부러 배치해 주지 않아도 씨가 저절로 분포하며 황금나선이 만들어진다. 그리고 황금비의 유리수 근삿값인 연속한 두 피보나치 수만큼의 나선이 시계 방향과 반시계 방향으로 보이는 것이다! 다음에 산책할 때 자연에서 이 나선형 구조를 발견하게 된다면, 잠시나마 멈추어 서서 피보나치 수와 황금비가 이루는 자연의 아름다움을 느껴보길 바란다.

움베르토 에코Umberto Eco의 소설《장미의 이름》에서 윌리엄 수사는 제자 아드소에게 알라누스 데 인술리스Alanus de Insulis라는 12세기 프랑스인 신학자가 쓴 시의 한 구절을 인용해서 이야기한다.

---

omnis mundi creatura

quasi liber et pictura

nobis est in speculum

세상의 모든 피조물이

마치 책과 그림과 같이

우리에게 거울이 된다.

신이 창조한 세상의 모든 피조물이 신의 섭리를 보여주기에 세상 만물을 살피면 인간의 삶과 죽음에 대한 통찰을 얻을 수 있다는 의미의 시이다. 하지만 윌리엄 수사는 세상 만물은 신의 섭리도 보여주기는 하지만 그건 상당히 찾기 어렵고, 사

자연: 일상에서 발견하는 새로운 세계

실 자연 그 자체에 대해 훨씬 더 많은 것을 명확하게 보여준다고 말한다. 가톨릭 수사이지만 과학자 이상으로 관찰력과 분석력이 뛰어난 윌리엄 수사의 세계관을 보여주는 대목이다. 그는 대자연의 만물이 자신에게 끊임없이 무언가를 알려주는 것처럼 느끼지 않았을까?

대학생 시절, 이 소설을 읽을 때 윌리엄 수사의 이 말이 무척이나 깊은 울림을 주었다. 그 뒤로 스스로에게 수없이 되뇌었다. '이 세상 만물이 나의 교과서'라고. 나를 언제나 자연에 더욱 가까워지게 하고 자연에서 수없이 많은 신비로운 이야기를 배우고 즐기게 한 주문과 같은 말이 아니었나 싶다.

4장

예술

상자 밖으로 나가보자

미국의 대도시를 처음 방문하면 항상 2가지를 한다. 첫째, 도시를 한 바퀴 도는 관광버스를 탄다. 미국의 어느 도시든 이런 관광버스가 있다. 가이드의 설명을 들으며 도시를 돌고 나면 유명한 곳이 어디인지, 또 어떤 역사를 가지고 있는지 대강 알게 되고 훨씬 편안하게 느끼게 된다. 둘째, 미술관을 찾아간다. 대도시마다 규모가 있는 미술관이 있는데, 미술의 특성상 그 미술관에 있는 작품들은 그곳에 가지 않고서는 보기 힘들다.

그렇게 미술관을 방문하면 종종 책이나 화면에서만 봤던 작품을 만나기도 하는데 실물을 보면 무척 반갑고 놀라기도 한다. 때론 생각보다 너무 커서 놀라고 때론 생각보다 너무 작아서 놀란다. 그런데 크든 작든 책이나 화면에서 봤던 것과는 비교할 수 없이 색상이 선명하다. 예를 들어 르누아르 작품의 화려한 색은 다른 매체로 옮기는 순간 확 죽어버리는 듯하다. 이런 작품 앞에 서면 그냥 그 화려한 색상에 취한 듯 한참을 머무르게 된다. 때로는 몰랐던 작가의 작품을 처음 만나 감탄하기도 한다. 이러한 과정을 반복하며, 점점 미술을 더 좋아하게 되었다.

미술을 따로 공부한 적은 없다. 취미로 그림을 그리거나 조각을 해본 적도 없다. 미적 재능이 있는 분들 참 부럽고 존경한다. 하지만 감상하는 위치에서도 얼마든지 즐길 수 있는 것이 미술이다. 미술뿐만 아니라 음악도 마찬가지이다. 악기를 배워본 적도, 노래를 배워본 적도 없다. 하지만 내가 느끼는 만큼 즐기는 건 가능하다. 프로 야구 좋아하는 사람들이 부지기수이지만, 그 사람들 중 몇이나 실제로 제대로 장비 갖추고 야구 시합을 해봤을까 싶다. 할 줄 알면 당연히 더 잘 즐길 수 있겠지만, 할 줄 모른다고 즐길 수 없는 건 전혀 아니다. 관심을 가지고 자주 접하다 보면 더 많이 알게 되고 그만큼 더 즐기게 되는 건 스포츠든 예술이든 비슷하다고 생각한다. 사실 난 스포츠 중계를 거의 보지 않는다. 별다른 이유가 있는 건 아니고 그냥 내 성향이 그렇다.

음악도 미술도 내게는 그렇게 전문성 없이도 감상하고 즐길 수 있는 영역이 되었다. 사실 예술에 대해 이렇게 글을 쓴다는 것이 무척이나 조심스럽지만, 이 대목에서 트위터의 한 친구에게 배운 말을 한번 써보겠다. 만일 내 글에 당신의 생각과 다른 부분이 있다면 당신이 맞다. 그저 내 지식과 경험이 부족해서 그런 것이고, 내 생각과 느낌이 그렇다는 것뿐이다.

현대미술: 기발함에서 감동으로

어느 미술관에 가든 모네, 마네, 르누아르, 드가 등 인상주의 화가의 작품과 고흐, 세잔, 고갱 등 후기 인상주의 화가의 작품이 가장 인기가 많다. 그만큼 유명하고 친숙하니 그럴 것이다. 나도 예외는 아니다. 이 작가들의 작품은 빼놓지 않고 살펴본다. 그런데 언젠가부터 현대미술도 제법 꼼꼼히 보게 되었다. 물론 이게 정말 예술인가, 싶은 작품이 무척 많다. 프랑스의 화가 마르셀 뒤샹Marcel Duchamp은 1917년 뉴욕에서 열린 전시회에 상점에서 사 온 남성용 소변기에 〈샘Fountain〉이라는 이름을 붙여 제출했다.

뒤샹은 전시회를 주최하는 단체의 위원회에 속해있었는데, 다른 위원들이 어떻게 반응할지 보기 위해 출품할 때 알 뮤트R. Mutt라는 가명을 사용했다. 실제로 작품에도 가명으로 서명했다. 작품이 뒤샹의 작품이라는 걸 알지 못했던 위원회는 고

심 끝에 작품을 전시하지 않기로 결정하고 전시장 뒤에 감춰두었다. 심지어 전시회가 끝나고 작품은 사라져버렸다! 뒤샹은 항의하는 의미로 위원회를 사퇴했고, 그 뒤에 복제품replica을 여럿 만들어 다른 미술관에 전시했다.

지금 봐도 도대체 변기가 어떻게 예술 작품이 될 수 있나 싶다. 심지어는 작가가 직접 만든 작품도 아니고 상점에서 사 온 물건이다! 하지만 이 작품은 뒤샹이 주창한 개념미술conceptual art을 대표하는 것으로 여겨진다. 개념미술에서는 예술의 본질을 작품 자체보다는 작가가 전하고자 하는 개념이라고 보기 때문에, 개념을 형상화하는 작업, 즉 작품을 만드는 과정은 부차적이다. 그래서 작가가 만들어야 작품이 되었던 기존의 미술과는 달리 기성품readymade도 작품이 될 수 있다고 본다.

다들 어느 정도까지 이해하고 어디까지 공감할지 모르겠다. 솔직히 나는 잘 이해가 되지 않는다. 변기의 선이 동양적이고 무척 아름답다고 주장하는 글도 보았지만 그래도 자기가 만들지도 않은 변기인데 말이다. 그런데 참 기발하다는 생각은 든다. 어떻게 변기를 사다가 제출할 생각을 했느냐 말이다.

누군가는 의문을 가질 수도 있다. 뒤샹이 했으니까 결국 유명한 작품이 되었지, 내가 했다면? 질문에 대한 답은, '개념미술의 관점에서는 아무 의미도 지니지 못한다'이다. 뒤샹은 표현하고자 하는 게 있었고, 난 어떤 개념을 표현할 생각 자체를 못했을 테니까 말이다. 그럼 이제 내가 뒤샹의 개념을 이해하고 변기를 사다가 전시한다면? 그건 표절일 뿐이다. 어떤 작품이든 이미 있는 이상 따라 할 수 없다. 현대미술 중에 아무리 말이 안 되게 느껴지는 것이 많다 해도 이미 누가 한 걸 따라 하는 건 비웃음만 살 뿐이다.

그러다 보니 현대미술은 누구도 생각하지 못했던 기발한 방식으로 무언가를 표현해야 하는, 아주 경쟁이 치열한 분야이다. 나도 어디까지 기발해질 수 있는지 한번 보자는 심정으로 현대미술을 감상하는데, 이게 은근히 재미있다. 왜 이런 작품을 만들었을까 생각해 봐도 도저히 작가들의 생각 근처에도 갈 수 없다. 그러니 해석은 포기한다. 그래도 그 기발함을 즐기는 데는 문제가 없다.

이렇게 미술관을 다니며 어이없을 정도로 단순한 현대미술 작품을 많이도 보았다. 투명한 아크릴 판으로 만든 상자 안에 퇴비 한 봉투를 넣어둔 작품, 낡고 지저분한 전동 톱을 거꾸로 세워놓은 작품, 캔버스를 9개의 칸으로 나누고 비슷비슷한 회색으로 칸을 채운 작품 등 정말 저걸 누가 못 하냐 싶은 작품들이 많다. 하지만 이미 누군가 했으니 할 수 있어도 할 필요가 없어졌다. 비슷해도 의미가 없다. 남들이 써보지 않은 재료로 남들이 감히 상상도 해보지 못한 황당하고 낯선 작업을 해야 그나마 현대미술이라고 명함을 내밀 수 있는데, 이미 누군가 해본 건 이제 전혀 황당하지도 낯설지도 않으니 말이다.

그러다 개념미술의 극단을 만나게 되었다. 다시 한번 강조하자면, 개념미술에서는 작품 자체보다 작가의 개념이 우선한다. 작품은 뭐가 되었든 괜찮으니 변기도 사다가 가져다 놓는 거다. 그 극단에 가니 작품 자체가 사라지고, 그냥 작가가 표현하고 싶은 개념을 글로 써버린다. 존 발데사리John Baldessari는 1968년 캔버스에 'PURE BEAUTY(순수한 아름다움)'라고 쓴 작품을 발표했다.

사실 이 정도면 크게 놀라운 사례도 아니다. 어떤 작가는 심지어 글을 그리지도 않고 프로젝터로 미술관 벽 또는 건물 외벽에 투사해 버리기도 한다. 캔버스에 그냥 날짜와 시간을 써놓은 작품도 있었다. 개념만 남기고 다 없애버리니 이렇게 되는구나 싶다. 그런데 이게 과연 미술인지 문학인지 혼란스럽다. 문학이라고 치기에는 너무나 날로 먹는 텍스트다. 김춘수가 '꽃'을 주제로 시를 쓴다고 그냥 '꽃' 한 글자 쓰고 시 다 썼다고 하지는 않았는데 말이다. 얼마나 기발할 수 있는지 한번 보자 했는데, 이렇게 개념만 글로 쓰고 끝내버리는 미술이라면 그래, 내가 졌다 싶다.

그저 현대미술의 황당하고 낯선 기발함을 즐기던 나에게 현대미술을 다시 생각하게 한 작품이 있다. 이 작품을 처음 보고는 정말 망치로 머리를 한 대 맞은 듯했다. 쿠바 출신으로 미국에서 활동했던 펠릭스 곤살레스-토레스Félix González-Torres의 1991년 작품에는 제목도 없다. 그저 미술관 전시실 한구석에 반짝반짝 빛나는 사탕을 가득 쌓아놓은 것이 전부이다. 게다가 관람객에게 사탕을 가져가라고 권한다. 나와 같이 미술관에 갔다가 이 작품을 처음 만난 하진이와 재상이도 사탕을 하나씩 집어 왔다.

이 작품은 병으로 죽은 작가의 애인을 상징한다고 한다. 밝은 조명 아래에 반짝거리는 색색의 사탕이라니, 작가가 기억하는 애인의 삶이 얼마나 아름다웠을지 어렴풋하게 느껴진다. 그의 존재는 관람객들에게 조금씩 아름다움을 나누어주며 자꾸만 작아져간다. 이렇게 아름답게 표현된 죽음을 만난 적이 없다. 현대미술은 어렵다는 통념이 있지만, 이 작품만큼은 누구나 공감할 수 있을 것 같다. 현대미술이라고 꼭 난해하지만은 않다. 게다가 작품에 사탕을 집어 가는 관람객의 행위마저 포함시켰다! 어쩌면 이렇게 감동적이고도 기발할 수 있을까.

몰라도 재밌지만 알면 더 재밌다

미술관을 다니며 다양한 작가와 작품을 접하고 나니 미술사를 공부하고 싶어졌다. 미술만큼 역사적 맥락이 중요한 예술 분야가 있을까 싶다. 현대미술은 끊임없이 새로워지기 위해 경쟁한다고 하지만, 이 기발함 또한 기존 미술과의 차별화를 통해 이루어지는 것이다. 그런데 미술의 역사를 들여다보면 기발함이 폭발했던 시기도, 기발함이 억압되었던 시기도 있다. 특히 미술이 예술 외적인 목적을 이루기 위한 수단으로 사용되던 시절에는 기발함이 사라진다. 물론 여전히 겉보기에는 탁월한 작품들이 만들어진다. 하지만, 큰 변화 없이 일정하다.

이집트의 벽화는 왕의 업적을 칭송하기 위한 것이었고, 중세 유럽의 종교화는 종교적 경건함을 표현하기 위한 것이었다. 이와 같이 목적을 가지고 만드는 작품은 전달하고자 하는 구체적인 내용이 있기에, 작품을 대하는 사람들이 그 내용을 명확히 알게 하는 것 또는 의도한 정서적 반응이 정확하게 일어나도록 하는 것이 중요하다. 그러다 보니 작가와 작품을 보는 사람들은 일종의 문법을 공유하고, 작품은 문법을 따라 제작된다. 그 문법이 바로 일정한 표현방식이다(다음 페이지 사진).

작가들은 이 틀 안에서 다양한 시도를 하려고 하지만, 틀

예술: 상자 밖으로 나가보자

〈유스티니아누스와 시종들〉, 547년경. 중세 시기의 그림은 마치 벽화처럼 경직되고 딱딱한 느낌을 준다.

을 쉽게 벗어나지는 못한다. 어떠한 틀은 수백 년간 지속되기도 한다. 하지만 영원히 가지는 않는다. 결국 틀은 깨지고 새로운 시대가 열린다. 사회적 변화와 발맞추어 작가들은 수백 년간 지속되어 오던 표현방식을 어느 순간 과감하게 벗어난다.

기원전 5세기 고대 그리스에서 이러한 급진적인 변화가 있었다. 그 전에 만든 고대 그리스의 조각들은 무척 섬세하긴 하지만 상당히 심심하다. 두 발을 땅에 두고 반듯하게 서있는 모습이 이집트의 벽화 속 인물들을 보는 듯하다. 대상이 신이든 영웅이든 그 인물이 누구인지 알리는 게 목적이었던 당시의 문법을 충실히 따랐을 것이다. 그런데 기원전 5세기 무렵 완전히 새로운 형태의 조각이 나타난다. 고대 그리스의 조각가 미론Myron의 〈원반 던지는 사람〉이 대표적인 예시이다(다음 페이지 사진).

청동상이었던 원작은 사라지고, 지금은 로마시대에 만든 복제품만 남아있다. 아마도 당시에 슈퍼스타였던 어느 육상선수가 원반을 던지는 순간의 동작을 포착해 묘사했을 텐데, 근육과 골격의 묘사가 무척 섬세하다. 운동선수가 누구인지 표현하는 것을 넘어 육체의 아름다움을 실감 나게 보여준다.

물론 그 뒤로도 인체의 아름다움을 훌륭하게 표현한 작품은 무수히 많다. 하지만 이 작품은 수백 년간 유지되어 왔던 표현방식의 틀을 깨고 나왔기에 특별하다. 이 작품의 가치는 역사적 맥락 안에서 봤을 때 더 제대로 느낄 수 있다. 기발함으로 우리를 놀라게 하는 현대미술 그 이상으로 당시에는 기발했던 작품이기 때문이다. 이렇게 그리스의 미술은 새 시대를 맞았다. 고정되어 있던 표현방식을 벗어난 작가들은 인물의 역동성과 섬세함을 자유롭게 표현하며 아름다움을 마음껏 추구할 수 있었고, 로마시대까지 이어져 고전 미술의 원형archetype이 되었

예술: 상자 밖으로 나가보자

미론, 〈원반 던지는 사람〉,
기원전 450년경 제작. 현재는
복제품만 남아있다.

다. 잠깐! 원형이라고? 그렇다. 결국 이 기발했던 그리스의 고전미술도 또 하나의 틀이 된다. 계속 반복되면 더 이상 기발함은 찾아볼 수 없다.

표현방식의 틀을 깨는 급진적 변화의 또 다른 예가 바로 르네상스Renaissance이다. 중세의 긴 시간 동안 미술은 교회미술의 틀을 벗어나지 못했다. 교회미술은 오랫동안 그 목적에 따라서 문법, 즉 정해진 표현방식을 유지했다. 그런데 15세기 무렵 이탈리아 피렌체를 중심으로 새로운 시대를 여는 변화의 물결이 일었다. 작품의 주제가 종교 일색이었던 데서 벗어나 일상을 사는 사람들이 등장하기 시작했다. 그리스와 로마의 고전적 작품에서 모티브를 가져오기도 하고, 심지어 신화가 주제가 되기도 했다. 이탈리아 르네상스를 대표하는 화가 산드로 보티첼리Sandro Botticelli가 1485년에 제작한 〈비너스의 탄생〉이 대표적이다.

그렇게 종교미술의 전형성을 벗어나면서 더욱 현실적이고 자연스러운 다양한 표현이 나타난다. 회화에서는 배경을 강조하고 원근법으로 공간의 깊이를 표현하기 시작했다. 한마디로 작가들이 마치 날개를 단 듯 새로운 시도를 하는 데 주저함이 없었다. 이런 역사적 배경에서 레오나르도 다빈치Leonardo da Vinci와 미켈란젤로Michelangelo Buonarroti가 나왔다.

코페르니쿠스적 전환:
사고를 가두는 굴레를 벗어나는 순간

당대 사람들에게는 미술에서의 모든 변화가 기발하게 느껴지지 않았을까 싶다. 어느 때든, 작가들을 구속하던 굴레가 벗겨지는 순간 그들의 기발함은 폭발한다. 기원전 5세기 그리스가 그랬고 기원후 15세기 이탈리아가 그랬다.

구체적으로 그 굴레가 무엇이었는지 나는 잘 모른다. 사회 경제적 제한 같은 외적 요인이었을 수도, 작가들이 가진 사고 방식 같은 내적 요인이었을 수도 있다. 그런데 흥미롭게도 과학사에도 이와 비슷한 발전 과정이 있었다. 어느 순간 과학자들이 각성이라도 한 듯 자연에 대한 기존의 이해를 벗어나 사고의 수준을 비약적으로 높이는 혁명적인 변화 말이다. 태양이 지구를 돈다고 철석같이 믿고 살다가 천문학자이자 사제였던 니콜라우스 코페르니쿠스Nicolaus Copernicus가 사실은 지구가 태양을 돈다는 것을 깨달은 지동설이 한 예이다. 후에 독일의 철학자 이마누엘 칸트Immanuel Kant는 이러한 인신론적 전환에 코페르니쿠스적 전환Copernican revolution이라는 이름을 붙였다.

흥미로운 건 코페르니쿠스적 전환이 르네상스와 비슷한 시대에 발생했다는 것이다. 예술가들이 벗어나야 했던 굴레와 과

　　　　　　　★★ 알고 보는 즐거움

학자들이 벗어나야 했던 굴레가 어쩌면 서로 연관되어 있었을지도 모르겠다. 미술이 근대에 들어와 자연주의와 사실주의, 상징주의와 인상주의로 폭발적인 다양화를 이루었듯이, 과학 역시 근대에 이르러 그 폭과 깊이에서 폭발적인 성장을 이루었다.

사실 미술과 과학 모두 자유로운 영혼으로 자연과 인간에 대한 이해를 추구해야 하는 영역이기에, 같은 시대적 영향을 공유하고 있었는지도 모른다. 자신을 구속하는 고정관념을 넘어야 하고, 문제를 보는 새로운 관점을 찾아야 하고, 그 과정의 기발함에 가치를 둔다. 결국 미술이든 과학이든 전적으로 인간의 창의성을 기반으로 이루어져 가는 분야라는 접점을 가지고 있었던 것이다.

음악과 미술의 결정적 차이점

그렇다면 음악의 역사는 어땠을까? 한 온라인 수업을 통해 음악의 역사를 쭉 살펴볼 수 있었다. 예일대학교의 크레이그 라이트Craig Wright 교수님의 클래식 음악에 대한 교양과목 수업이었는데, 아마추어 클래식 음악 애호가에게 꼭 추천하고 싶다. 마치 자상한 할아버지가 들려주는 듯 편안한 수업을 재미있게 듣다 보면 어느덧 클래식을 더 깊이 이해하게 되는 명강의이다.

라이트 교수님의 강의는 중세의 그레고리오 성가Gregorian chant부터 시작된다. 미술의 역사가 이집트의 벽화와 조각에서 시작하는 것에 비하면 상당히 늦다. 하지만 이는 단지 음악이 기록된 역사가 늦을 뿐이다. 수천 년 전의 악기가 발굴되는 것만 봐도 인류가 음악을 즐긴 것은 무척 오래된 것으로 보인다. 성경의 창세기에도 라반이 야곱을 노래와 북과 수금과 함께 보냈다는 기록이 있고, 종교 제례에 사용되던 노래를 모은 시편도 있다. 기원전 8세기에 쓰였다고 하는 호메로스Homeros의 《오디세이아》에도 음유시인bard이 트로이 전쟁에 대해 노래하는 장면이 나온다. 《일리아스》와 《오디세이아》라는 작품 자체도 사실은 음유시인들을 통해 오랫동안 구전되어 오던 노래를 호머가 모아서 만든 것이라고도 한다.

신화든 역사든 과거의 이야기가 노래의 형태로 구전되어 오던 건 그리스뿐만 아니라 문자가 정착되기 전 모든 문명의 공통적인 현상이었을 것이다. 그나마 기원전 8세기 무렵부터 그리스에서는 문학작품이 기록되기 시작되었지만, 서양의 음악은 그 뒤로도 1000년이 넘어서야 그레고리오 성가라는 교회 음악으로 처음 기록되었다. 그러다 보니 우리는 그레고리오 성가 이전에 어떤 음악이 만들어지고 연주되었는지 알 수 없다.

물론 음악 이론에 대한 기록은 오래전부터 남아있다. 피타고라스의 정리로 유명한 기원전 5세기의 그리스 수학자 피타고라스Pythagoras는 화음의 수학적인 원리도 연구했다고 알려져 있다. 피타고라스는 현의 길이의 비율을 맞추다 5도 화음을 찾았고, 이러한 피타고라스 음률Pythagorean tuning을 바탕으로 옥타브의 음을 12개의 반음으로 나누는 조율법이 발전했다. 중국에서도 비슷한 시기에 관악기의 길이를 일정 비율로 자르는 방식으로 십이율十二律을 정리하고 기록했고, 이는 우리 국악의 기본 음률이 되기도 했다. 이렇게 일찍부터 우리가 지금 사용하는 음계와 화음이 발견되고 정리된 것을 보면, 기록도 남지 않고 사라져버린 고대의 음악도 지금의 음악과 그리 많이 다르지 않았을 수도 있겠다 싶다.

기록의 역사에서 차이가 난다는 것을 차치하고서라도, 음악은 미술과 확실히 결이 다르다. 예술이라는 하나의 영역에 함께 묶을 수 있을까 싶을 정도이다. 나와 절친한 사이인 어느 디자인 전공 교수가 자기는 클래식 음악을 왜 듣는지 전혀 모르겠다고 한 걸 보면 역시 미술을 하는 예술성과 음악을 하는 예술성이 다르구나 싶다. 근대와 현대를 거치면서 미술이 급변하는 동안 음악도 더 규모가 커지고 더 다양해지기는 했지만 급변이라고 할 변화가 있었는지는 잘 모르겠다. 새로운 연주자들이 새롭게 해석하기는 하지만, 비발디와 바흐와 헨델의 바로크 음악이 여전히 사랑받는다.

이 또한 음악이 미술과 무척 다른 지점이다. 해석은 보는 사람의 영역으로 남겨질지언정, 미술 작품은 작가가 만들어낸 그대로 세상에 남아있다. 그런데 음악은 작곡가가 만든 곡이 연주자에 의해 재해석되어 새로운 음악으로 탄생한다. 2명의 예술가가 협력한 작품이 우리에게 주어지는 것이다. 그래서 작곡가 1명의 작품이 수백 명의 연주자의 작품으로 확장된다. 클래식을 즐기다 보면 어느 작곡가의 작품인지보다 어느 연주자의 작품인지가 훨씬 더 중요한 의미를 지니게 되는 때가 오는 것 같다. 같은 곡을 가지고도 연주자에 따라 무척이나 상이한 느낌의 연주가 나오고 애호가들 사이에서 호불호가 갈리기도 한다.

유튜브에서 토마스 안토니오 비탈리Tomaso Antonio Vitali의 샤콘Chaconne을 야샤 하이페츠Jascha Heifets의 연주와 장영주Sarah Chang의 연주로 들어보기를 권한다. 하이페츠의 연주는 그 명성대로 완벽하다. 음 하나하나가 크리스털같이 깨끗하고 빈틈 하나 없다. 장영주의 연주는 템포부터 다르다. 하이페츠보다 느리다. 그래서인지 훨씬 더 드라마틱하다. 음 하나하나를 완벽하게 만들어가는 느낌보다는 음을 모아서 입체적인 멜로디를 쌓아가는 느낌이다. 그렇게 쌓인 멜로디가 연주자의 감정을 섬세하게, 때론 과감하게 표현한다. 하이페츠의 연주가 싱글몰트 스카치 위스키 같다면 장영주의 연주는 캘리포니아 레드와인 같다.

그뿐 아니라 같은 연주자의 연주도 시간이 흐르며 바뀐다. 글렌 굴드Glenn Herbert Gould가 연주한 바흐의 골드베르크 변주 곡은 젊었을 때 연주한 것과 노년에 연주한 곡이 같은 곡일까 싶을 정도로 다르다. 이렇게 같은 곡이 시대를 넘어 다양한 연주자에 의해 새롭게 표현되는 것이 클래식 음악의 독특함이다. 고전에 대한 끊임없는 재해석으로 예술 행위가 이루어지는 분야가 클래식 음악 말고 또 있을까 싶다. 이는 마치 고흐의 〈별이 빛나는 밤〉을 후대의 화가들이 다 한 번씩 다시 그린다거나, 윌리엄 와일러의 〈벤허〉를 후대 감독들이 다 한 번씩 리메이크하는 것 같은 일인데, 결코 그런 일은 일어나지 않을 것이다. 그나마 재즈의 경우는 스탠더드라고 해서 꾸준히 사랑받는 명곡이 있고, 후대의 연주자들은 이 스탠더드 곡을 즐겨 연주한다. 하지만 이 경우에도 즉흥연주improvisation가 중요한 부분을 차지하지 클래식 음악처럼 악보를 있는 그대로 따라 하면서 작곡가의 의도를 최대한 표현하려 정성을 다하지는 않는다.

이러다 보니 클래식 음악을 즐긴다는 것은 같은 음악을 수십 번, 수백 번 듣는 것을 말한다. 그런데 그게 가능하다. 좋아하는 곡은 아무리 들어도 질리지 않는다. 물론 특정한 곡 하나만 골라 수십 번 수백 번 반복해 듣는다면 머리가 좀 이상해질 수도 있을 것이다. 하지만 대부분의 클래식 음악 애호가는 좋아하는 곡이 무척이나 다양하다. 그래서 언제든 기쁘게 익숙한 곡을 반복해 들을 수 있다.

익숙하지 않은 곡은 듣고도 별 감흥이 없을 수도, 그냥 '뭐 이것도 괜찮네' 하고 넘어갈 수도 있다. 그런데 가끔은 새로운 곡에 귀가 번쩍하는 일도 있다(음… 그렇다고 신곡은 아니다. 몇백 년 전에 만든 곡을 내가 처음 들은 것일 뿐이다). 새롭게 만난 곡에 '아, 어떻게 이렇게 아름다울 수 있지'라며 감탄하고, 취향 저격 곡으로 접수한 뒤 역시 수십 번에서 수백 번을 반복해서 듣게 된다. 되돌아보면 내가 좋아하게 된 취향 저격 곡도 하나하나 이렇게 만나지 않았나 싶다.

클래식 음악을 본격적으로 좋아하게 된 것은 아마 30대쯤부터였던 것 같다. 우연치 않게 쇼팽과 라흐마니노프의 피아노 곡을 들으면서 어떻게 이렇게 아름다운 음악이 있을 수 있나 감탄하면서 클래식에 귀가 트였다. 그 뒤로 리스트와 드보르자크, 차이콥스키와도 감동적인 만남을 이어갈 수 있었다. 왜 나는 쇼팽과 라흐마니노프를 좀 더 일찍 만나지 못했을까 아쉽기도 하다.

사실 예전에도 분명 만난 적이 있었을 것이다. 이런 명곡은 살면서 접하지 않을 수 없다. 하지만 마음이 준비되지 않으면 들어도 들리지 않는다. 30대의 어느 날은 내 마음이 쇼팽과 라흐마니노프를 들을 준비가 되어있었고, 이 음악들이 내 마음 속으로 찾아온 것이다. 어떤 준비였을지는 알 수 없으나, 어쩌면 인생의 쓴맛을 제대로 맛보고 나서야 쇼팽과 라흐마니노프가 들렸을 수도 있겠다.

이들의 음악에는 우리가 결코 피할 수 없는 존재의 비극을 마주했을 때 발견하는 순수한 영혼의 반짝임이랄까, 비장한 아름다움이 있다. 이 아름다운 곡들이 나를 대신해서 울어주고 있다는 걸 깨닫게 되면 단번에 마음을 빼앗기지 않을 수 없다. 그러고 나면 이 음악들과 내 영혼을 연결해 주는 초고속 정보망 아니 감정망이 깔리고, 언제 어디서든 듣기만 하면 마치 오랫동안 연모해 온 사람을 다시 만난 듯 행복해진다.

수백 번 반복해도 질리지 않는 유일한 것

《피아노의 숲》이라는 일본 만화가 있다. 동명의 애니메이션이 있는데, 클래식 음악에 관심이 있는 독자라면 꼭 보기를 권한다. 천재적인 음악성으로 굴곡진 인생을 극복해 나가는 자유로운 영혼의 주인공과 부유한 환경에서 자라나 탁월한 재능을 가지고도 자신의 한계를 넘어서기 위해 끝없이 고뇌하는 모범생 조연의 성장소설이라는 일견 뻔한 구성이기는 하지만 클래식 음악에 대한 깊은 이해가 깔려있는 명작이다. 이 작품의 하이라이트는 자유로운 영혼의 주인공 이치노세 카이와 고뇌하는 모범생 조연 아마미야 슈헤이가 같이 쇼팽 국제 피아노 콩쿠르에 참가하는 후반부인데, 쇼팽 콩쿠르가 어떻게 진행되는지 흥미진진하게 살펴볼 수 있다.

쇼팽을 좋아하는 사람들에게는 월드컵보다도, 올림픽보다도 중요한 행사가 바로 이 쇼팽 국제 피아노 콩쿠르이다. 폴란드 바르샤바에서 5년에 한 번씩 전 세계의 내로라하는 피아노 연주자들이 모여 실력을 겨루는 피아노계의 최정상급 콩쿠르로, 2015년 조성진이 대상을 수상해서 우리에게 더 잘 알려졌다. 1927년에 시작되어 가장 오래된 음악 콩쿠르이기도 한데, 지난 100여 년간 이 대회서 수상한 피아노 연주자들의 명단을 살펴보면 이 대회가 왜 이렇게 높은 명성을 얻게 되었는지 감이 온다. 전설과 같은 피아노 연주자들이 즐비하다. 가장 최근의 쇼팽 콩쿠르는 2021년에 열렸다. 원래는 2020년에 열렸어야 했는데, 코로나19가 전 세계를 휩쓸면서 1년을 연기한 것이다.

조성진 때문이었는지 2021년의 쇼팽 콩쿠르는 한국에서도 전례 없는 뜨거운 관심을 받았다. 이제는 대회의 실황을 전세계 어느 곳에서나 유튜브로 볼 수 있어서, 한국에서도 대회 기간 중 밤새 관전(?)하고 회사에 출근하거나 수업에 들어가 조는 피아노 팬이 제법 있었다고 한다. 황당해하실 분들이 계실 수 있다는 것 알지만, 밤새 월드컵 축구 보고 나서 다음 날 조는 것과 뭐가 다른가? 피아노 팬에게는 그만큼 결코 놓칠 수 없는 명승부가 즐비한 이벤트이다. 2018년 러시아 월드컵에서 음바페라는 새로운 영웅의 탄생을 목격하고 열광했던 것과 같이, 2021년 쇼팽 콩쿠르에서도 브루스 리우라는 새로운 영웅의 탄생을 목격하고 열광했다.

쇼팽 콩쿠르에서 연주자들은 쇼팽의 곡만을 연주한다. 예선 라운드에서는 100여 명의 연주자가 쇼팽의 연습곡étude, 야상곡nocturne, 발라드ballade 등 소품을 연주한다. 참가자들이 전부 돌아가면서 연주를 하는데, 열흘이 넘게 걸린다. 심사위원과 관객은 열흘이 넘는 시간 동안 쇼팽의 소품을 듣고 또 듣는다. 지겹지 않을까? 그런데 막상 들어보면 전혀 그렇지 않다. 앞에서 이야기한 것과 같이 쇼팽을 너무나도 좋아하는 사람들이다. 같은 곡을 듣고 또 들어도 질리지 않는다. 그리고 연주자마다 자신만의 연주를 만들어내기에, 이번 연주자는 과연 어떤 음악을 보여줄지 기대에 차서 듣게 된다.

그렇다고 해서 연주자들이 마냥 개성을 마음껏 드러내는 것은 아니다. 여러 심사위원들에게 심사를 받기에 개성이 너무 강하면 불리하다. 누군가에게 극찬을 받더라도 누군가의 취향에 거슬리면 중간에 탈락하기 십상이다. 그래서 콩쿠르에 참가한 연주자들은 상당히 교과서적인 연주를 한다. 그러면서도 자신만의 연주를 만들어야 한다. 말이 안 되는 것 같지만, 이런 모순적 상황이 펼쳐지는 것이 바로 음악 콩쿠르이다. 하지만 실제로 들어보면 연주자마다 확연히 다르다. 이토록 다른 연주 중에서 나의 심금을 울려버리는 연주를 만나는 행운을 누리기도 한다.

우리 모두 거문고를 하나씩 가지고 있다

심금心琴을 울린다는 것은 참 멋진 말이다. 우리 모두 마음속에 거문고를 하나씩 가지고 있는데, 어느 순간 그 거문고가 울린다는 거다. 물리학적으로는 공명resonance이 일어나는 것이겠다. 서로 떨어져 있는 현이 주파수가 맞아 소리에 함께 진동하는 게 공명이다.

마음속에 있어서 들여다볼 수도 없는 거문고이니, 언제 울릴지 전혀 알 수 없다. 그런데, 그 심금이 우는 드문 일이 발생하는 상황이 분명히 있다. 특히 음악을 들으면서 이런 경험을 할 때가 있다. 나는 쇼팽의 곡을 좋아하고 즐겨 듣지만 피아노로 직접 칠 수는 없다. 그런데도 마음속에 내가 원하는 어떤 이상적인 연주가 존재하는 게 아닌가 싶다. 물론 그런 이상적인 연주가 있다는 것도 느끼지 못하는데, 어떤 연주를 만나는 순간 깨닫게 된다. 그 연주의 음 하나하나가 내가 깨닫지 못한 채 오랫동안 바라왔던 딱 그 음으로 다가온다. 그렇게 음악이 시간을 타고 전개되면서 내 마음속 음악도 같이 연주된다. 심금이 울어버리는 것이다.

심금이 울리면 온몸에 전율을 느끼고 심지어 눈물이 흐르기까지 한다. 새로운 연주자들을 만나는 쇼팽 콩쿠르는 그래서 매력적이다. 세계 최정상의 연주자들이 모여 내가 사랑하는 쇼팽의 곡들로 내가 한 번도 들어본 적이 없는 연주를 들려준다. 그중 누군가가 나의 심금을 울려줄지도 모른다는 기대가 가득하다. 그리고 때론 그런 연주를 만나는 행운을 누리기도 한다. 나처럼 예술에 대한 전문성이 전무한 아마추어도 이런 행운을 만날 수 있게 해주는 예술가들에게 그저 고마울 뿐이다.

5장

사회

더 나은 결정을 내리고 싶다면

　한국에서 태어나 26년을 살고 미국으로 공부하러 와서 정착까지 해버리고 나니 어느덧 28년이 지나갔다. 그래도 마음은 항상 고국에 가있는지 신문을 읽어도 한국 신문을 더 많이 읽게 된다. 여전히 한국 국적을 유지하고 국외부재자로 선거권도 행사하고 있다. 게다가 지난 몇 년간 한국어로 트위터를 하면서 다양한 연령과 다양한 직업을 가진 많은 친구들을 만나 이야기를 나누며 그들의 고통과 소망과 용기를 엿보기도 했다.

　오랜 시간 그렇게 2개의 사회를 동시에 경험하며 살아왔다. 그래서 남들과 약간은 다른 관점에서 한국 사회를 바라보게 된 것일까? 트위터에서 종종 새로운 시각으로 사회문제를 살펴보려 했고, 찬사도 비난도 같이 받아왔다. 내 전공과도 무관하고 따로 공부를 해온 것도 아닌 이 사회라는 주제에 대해 글을 쓴다는 것이 무척 두렵기도 하다. 예술에 대해서 이야기할 때 했던 말과 비슷한 말을 다시 해야 할 것 같다. 내 생각이 반드시 옳다고 여기지 않는다. 내 생각은 그저 제한된 경험을 가진 한 개인의 관점일 뿐이다.

복종을 요구하지 않는 권위

1995년 8월 미국에 왔다. 외국 생활이 처음이었다. 모든 게 낯설고 신기했다. 학생 아파트에 입주했는데 방과 마루 모두에 카펫이 깔려있는 것도 신기했고, 화장실 바닥에 배수구가 없는 것도 새로웠다. 학교에 가서 어설픈 영어로 인사하고 묻고 답하고 하나하나 일을 처리해 가는 하루하루가 긴장의 연속이었다. 그래도 한국에서부터 알고 지내던 선배들이 있어서 정말 많은 도움을 받을 수 있었다. 어느 날 한 선배와 학과 건물 앞 벤치에 앉아 이런저런 이야기를 나누고 있는데, 풍채 당당한 백발의 노신사가 지나가는 걸 본 선배가 "Hi, John! How are you?" 하며 인사를 하고 몇 마디 이야기를 나누었다. 노신사가 지나간 뒤에 "누구예요?" 물었더니 세상에나 "내 지도교수님"이라는 거다.

이 분이 나중에 내 박사논문 심사위원 중 한 분이 되

고 직장 구할 때 추천서도 써주신 핵자기공명법nuclear magnetic resonance의 대가 존 마클리John Markley 교수님이다. "교수님을 지금 존John이라고 불렀어요?" 하니 돌아오는 대답이 "여기는 다 그렇게 불러"였다. 잠시 머리가 멍해질 정도의 문화 충격이었다. 카펫이 깔린 마루보다 배수구 없는 화장실보다 몇 배는 더 놀라웠다. 그게 미국이었다. 학생과 교수가 격의 없이 서로 이름을 부르는, 너무도 다른 문화를 가진 곳이었다.

그렇다고 교수의 권위가 없는 걸까? 전혀 그렇지 않다. 대학원생에게 지도교수는 하늘과 같은 권위를 가지고 있다. 학생의 연구 과제를 결정하고, 학생의 연구 결과 하나하나를 다 살펴주고, 학생의 학위논문을 일차적으로 검증하는 사람이 지도교수이다. 게다가 미국의 대학원생들은 종종 연구조교research assistant 신분으로 지도교수에게 급여를 받기도 해서, 대학원생의 고용주이기도 하다. 학위를 마치고 나서 직장을 구할 때도 지도교수의 추천서가 어마어마한 영향력을 지닌다.

그렇기에 지도교수의 인정을 받지 못하면 학위를 받고 나서도 제대로 된 추천서를 받을 수 없어 미래가 불안해질 뿐만 아니라, 심지어 학위 과정을 중단해야 하는 사태마저 발생할 수 있다. 학생의 연구실적이 기대에 미치지 못하자 지도교수가 학생에게 연구조교로 주던 급여를 중단해 버리는 경우도 본 적이 있다. 이런 경우에는 웬만하면 지도교수를 바꾸던가 아니면 아예 학교를 떠나야 한다. 그런데도 지도교수를 존이라고 부르는 것이다. 지도교수인데 권위에 복종해야 하는 것 아닐까 할 수 있다. 하지만 그렇지가 않다. 권위는 있지만, 그 권위가 복종을 요구하지는 않았다. 혹시 오해가 있을까 해서 밝혀두자면, 교수님을 이름으로 부르는 건 그 교수님을 잘 아는 경우에만 해당된다. 수업 듣는 학부생이 강의하는 교수님을 이름으로 부르는 일은 없다.

합리적 권위와 비합리적 권위

대학원생들은 때로 지도교수와 의견이 달라 치열하게 논쟁하기도 한다. 지도교수의 주장이라고 해서 무조건적으로 인정하고 따르지 않는다. 자신의 생각과 다르면 하나하나 짚어가면서 반박을 한다. 내 경험상으로는, 많은 경우에 지도교수가 맞다. 하지만 항상 그렇지는 않다. 그렇기에 교수도 학생들의 주장에 충분한 근거가 있다면 더 살펴볼 필요가 있다고 인정한다.

지도교수로서도 학생들의 반발(?)에 힘입어 생각하지 못했던 새로운 아이디어가 떠오르고 연구에 돌파구가 생기기도 한다. 학생 또한 자신이 틀렸을 경우에도 토론을 통해서 잘못 생각하고 있던 부분을 찾고 자신이 가진 논리의 문제점을 파악하게 된다. 그저 주어진 지식을 받아들이는 것으로는 결코 얻을 수 없는 귀한 학습의 기회이다. 이렇게 학생들과 논쟁하다 보면 기분이 상당히 불쾌해질 때도 있지만, 그렇다고 학생에게 복종을 요구하지는 않는다. 권위로 복종시킨다고 연구하는 문제의 답이 얻어지지 않기 때문이다(물론 개인차는 있다. 미국 대학교에도 폭군형의 지도교수가 없지는 않다).

본인이 자라면서 겪은 문화의 영향이겠지만, 다른 문화권 출신 유학생들이 이런 논쟁이 익숙하지 않아 피하려 하는 경우를 가끔 본다. 이해가 되지 않아도 그냥 지도교수의 지시를 따라 연구를 진행하기도 하는데, 스스로를 로봇으로 만들어버리는 안타까운 일이다. 예전에 학과의 외국인 학생이 연구 발표를 하는데, 누가 왜 그 실험을 했는지 묻자 "지도교수님이 시켜서"라고 답해 청중의 폭소가 터졌다. 실험을 하기는 했는데, 왜 그 실험을 해야 하는지 이유도 모르면서 했던 것이다. 이해가 안 가면 묻고 납득이 안 되면 논쟁을 했어야 하는데, 지도교수의 권위에 복종해 버려 발생한 우스우면서도 씁쓸한 일화이다.

에리히 프롬은 권위에는 합리적 권위와 비합리적 권위가 있다고 설명한다. 합리적 권위는 권위자가 자신의 능력으로 획득한 권위이다. 누구도 강요하지 않지만 그 능력을 알게 된 사람들이 자발적으로 권위를 인정한다. 권위자에게는 자신이 지닌 능력에 해당되는 권한이 주어진다. 비합리적 권위는 그렇지 않다. 관습이라는 이름으로 능력과는 무관하게 주어지는 권위이다. 나이를 하나의 예로 들 수 있다. 나이가 든다고 능력이 늘어나는가? 그럴 수도 있지만 그렇지 않은 경우도 많다. 하지만 한국 사회에서는 나이가 많기에 저절로 권위를 가지게 되는 경우가 무척이나 많다. 나이가 어린 사람은 좋든 싫든 나이 많은 사람의 권위를 인정해야 하고 때론 복종해야 한다. 그 외에도 단지 대학에 먼저 입학해서, 군대에 먼저 입대해서, 회사에 먼저 입사해서, 고시에 먼저 합격해서 주어지는 권위가 다 비합리적인 권위의 예가 될 수 있다.

비합리적 권위가 만연한 사회는 그만큼 비합리적인 사회가 된다. 능력과 무관한 비합리적인 권위로 위계질서가 형성되고 상명하복으로 조직이 운영된다. 그러니 의사소통이 어려워지고, 창의성을 발휘하기 힘들어진다. 가정이든 회사든 정부조직이든, 그 조직의 능력은 그저 그 명령 체계의 최상위에 위치한 자의 능력에 의해 제한된다. 그의 능력이 출중하든 부족하든 말이다. 어쩌다 무능한 자가 비합리적 권위로 그 조직의 최상위를 차지하게 되면 조직의 상황은 참으로 암울해지고 만다.

사회: 더 나은 결정을 내리고 싶다면

비합리적 권위는 문화에 종속된다. 어느 문화권이나 합리적 권위와 비합리적 권위가 섞여있지만, 비합리적 권위는 특히 그 문화권의 전통이나 관습이라는 이름으로 포장되는 경향이 강하다. 그래서 자신이 자란 문화권과는 다른 문화권을 경험하는 것이 기존 문화권에 만연해 있던 비합리적 권위를 다시 보고, 그 안의 가치체계가 절대적인 것이 아니었음을 깨닫는 좋은 기회가 되기도 한다.

어떤 회사에서 일하고 있나요

미국의 가장 큰 서점 체인인 반스 앤드 노블Barnes and Noble은 한때 미국 전역에 1000여 개 매장을 운영하는 회사였다. 하지만 아마존이 크게 성장하면서 심각한 손실을 입었고 결국 400여 개의 매장을 닫고 수천 명의 직원을 해고해야만 했다. 그럼에도 적자를 감당하지 못해 결국 2019년 매각되었다.

반스 앤드 노블을 인수한 투자 회사는 자신들이 소유하고 있는 영국의 서점 체인 워터스톤스Waterstones의 최고경영자 제임스 돈트James Daunt를 반스 앤드 노블의 새로운 최고경영자로 임명한다. 제임스 돈트는 반스 앤드 노블과 같이 적자에 적자를 이어 오던 워터스톤스를 회생시킨 인물이었다. 이후 수년간 제임스 돈트는 자신이 워터스톤스를 회생시켰던 방식을 그대로 반스 앤드 노블에 도입했고, 위기에 빠졌던 이 서점 체인은 드디어 흑자를 보기 시작했다. 그리고 2023년 반스 앤드 노블은 50개의 서점을 새로 열었다. 도대체 무슨 변화가 있었던 것일까?

기존의 반스 앤드 노블은 다른 대형 소매점과 마찬가지로 전국 1000여 개의 서점을 동일한 방식으로 운영했다. 어느 서점을 가든 거의 동일한 책들이 동일한 방식으로 진열되어 있었다. 대형 출판사들과 계약을 맺고 수수료를 받는 대가로 그 출판사들의 책을 매장 앞의 잘 보이는 곳에 전시하는 식이었다. 하지만 고객이 원하는 책이 아닌 출판사들이 원하는 책이 중심이 되며 결국엔 고객을 다 잃어버리는 큰 실수를 저지르게 되었다. 제임스 돈트는 이 대형 출판사와의 계약을 다 해지해 버렸다. 그리고 본사에서 일괄적으로 매장의 구성과 판매 도서를 결정하던 기존의 방식을 중단하고, 각 서점의 직원들이 주도적으로 고객이 원하는 책을 살피고 그에 따라 매장을 구성해 나가도록 했다.

그 결과, 서점마다 고객의 성향을 고유한 방식으로 반영하며 제각기 개성을 갖추게 되었다. 그러자 고객들이 다시 서점을 찾기 시작했다. 기존에 판매되지 않아 반품되는 도서가 전

사회: 더 나은 결정을 내리고 싶다면

체 재고의 30퍼센트 수준이었던 것이 7퍼센트로 대폭 줄어들었다. 상부에서 지시를 내리며 관리하는 방식을 중단했기에, 본사의 규모를 크게 줄여 비용 또한 절감할 수 있었다. 이제 제임스 돈트에게는 아마존이 전혀 두려운 상대가 아니다. 그는 "아마존은 책에 관심이 없다Amazon doesn't care about books"라고 자신 있게 말한다.

제임스 돈트의 놀라운 성과는 조직의 성공에 리더의 역할이 얼마나 막대한가를 극명하게 보여준다. 리더leader란 무엇일까? 말 그대로 이끄는 사람이다. 조직이 가야 할 곳으로 구성원을 데리고 갈 수 있는 사람이 리더이다. 그래서 리더라면 기본적으로 2가지 능력을 갖추어야 한다. 첫째, 조직이 가야 할 곳을 정할 수 있어야 하고, 둘째, 구성원들을 그곳으로 인도할 수 있어야 한다. 즉, 목표 설정과 목표 달성이다.

둘 중에 하나만 잘하는 건 소용이 없다. 인도는 잘하는데 가야 할 곳을 제대로 찾지 못한다면, 조직 전체를 낭떠러지로 이끌 수도 있다. 철 지난 농담으로 멍청한 나폴레옹 이야기가 있다. "저 산이다" 하고 부대를 이끌고 험한 산 꼭대기까지 다 올라가고 나서 "이 산이 아닌가벼" 했더니 부대원의 절반이 그곳에서 죽어버렸다 뭐 그런 이야기이다. 목표 달성은 했지만 목표 설정이 엉터리여서 조직을 망치는 리더 이야기이다. 반대

★★ 알고 보는 즐거움

로, 목표는 제대로 설정했지만 사람들을 인도해 그곳까지 가게 하는 목표 달성을 하지 못하면 역시 아무 소용이 없다. 그저 오합지졸인 구성원들 사이에서 혼자 목표를 바라보고 있는 불쌍한 처지가 될 뿐이다.

탁월한 리더는 목표 설정에서부터 구성원의 참여를 유도한다. 현장에서 일하는 구성원들의 의견을 반영하고 실질적이고 합리적인 목표를 설정한다. 목표를 설정하는 과정에 자신이 참여할 수 있었는지의 여부는 동기부여에 어마어마한 차이를 만든다. 자신이 참여할 수 있는 과정을 통해 정해진 조직의 목표는 더 이상 남의 일이 아니라 자신의 일이 되기에 훨씬 큰 동기부여가 이루어진다. 반스 앤드 노블 서점의 직원들에게 매장 구성과 도서 선택의 권한이 주어졌을 때, 창의성을 발휘하여 각자 자신이 일하고 있는 서점의 성공을 위해 애쓸 수 있었던 것이 바로 이런 이유 때문이었을 것이다.

목표를 달성하는 과정에서도 탁월한 리더는 본인의 능력을 최대한 발휘한다. 실무에도 강하고 식견도 넓어 프로젝트 진행에 지대하게 공헌한다. 만약 본인이 익숙하지 않은 부분이 있다면 구성원 중에 경험이 충분한 사람을 찾아 도움을 청하고, 필요하다면 기꺼이 자신의 권한을 나누어주기도 한다. 조직 내에서 영향력을 확보하는 것보다 조직이 목표를 달성하는 게 우선이기 때문이다. 자신이 지시한 일을 진행하는 과정에서 문제가 발생했을 때 기꺼이 책임을 지는 것은 당연한 일이다. 그러니 리더에 대한 구성원들의 신뢰가 높은 것은 말할 것도 없다.

라틴어로 'respondeat superior'라는 표현이 있는데, 번역하자면 '주인이 답하게 하라Let the master answer'는 의미이다. 로마제국에서부터 통용되던 관습인데, 노예가 잘못을 해서 다른 사람에게 피해를 입힐 경우, 그 주인이 보상하도록 하는 규정이었다. 이 규정은 현대 영국과 미국의 관습법에도 그대로 남아있다. 조직의 리더가 명령한 일을 수행하는 과정에서 발생한 문제의 법적 책임은, 명령을 수행한 실무자가 아닌 그 명령을 내린 리더가 진다.

미국의 33대 대통령 해리 트루먼Harry Truman은 집무실 책상 위에 'The buck stops here'라고 적힌 팻말을 두었다고 한다. 영어에 'pass the buck'이라는 표현이 있는데, 포커 게임에서 다른 사람에게 딜러를 넘기는 것에서 유래한 말로, '책임을 떠넘기다'는 의미로 사용된다. 그러니 'The buck stops here'는 '나는 책임을 떠넘기지 않는다' 또는 '모든 책임은 내가 진다'라는 의미로 볼 수 있다. 대통령으로서 결정한 것에 대한 책임은 본인이 다 지겠다는 의지의 표현으로 'respondeat superior'의 전통과 일맥상통한다. 이렇게 자신의 결정에 책임을 질 의지가 있는 리더의 합리적인 권위는 조직의 성공을 위해 필수적이다.

안타깝게도 독불장군식으로 목표를 설정하고 강압적으로 추진하는 리더들이 너무나 많다. 그들에게 구성원들은 목표를 달성하기 위해 이용해야 할 '도구'에 불과하다. 목화밭에 노예를 풀어 놓은 농장주, 사지로 병사들을 모는 지휘관 같은 리더일 뿐이다. 구성원들은 그저 주어진 목표를 달성해야 하는 장기말과 같은 신세라 동기 부여가 되려야 될 수가 없다.

고객들이 찾지도 않는 책을 매장의 제일 앞에 두었다가 결국은 반품해 왔던 예전 반스 앤드 노블 서점의 직원들이 딱 이랬을 것이다. 본사에서 정해서 내려오는 세세한 지시들은 현실과 무관한 강요된 목표에 불과했다. 현장의 상황을 제대로 반영하지 못한 목표를 강요하다 보면 진행하는 과정에서 온갖 문제만 드러난다. 이런 상황에서도 무능한 리더는 그저 채찍이나 휘두르고 보상을 미끼로 복종을 유도할 뿐이다. 능력이 없기에 막상 자신이 나서서 할 수 있는 일도 없다. 뒷짐 지고 있던 리더는 목표 달성에 실패하면 역시나 책임 회피에 급급하다. 심지어 "내가 한 거 아닙니다"라는 아주 편리한 핑계를 쓰기도 한다. 책임을 질 의지가 없는 리더가 가지는 권한은 비합리적이고 남용될 따름이다. 그들의 권력은 리더 본인의 책임을 회피하고 이익을 보호하는 데 사용될 가능성이 농후하다. 당연히 구성원들이 리더에게 신뢰를 갖는 건 불가능하다.

그 누구의 의견도 묵살되지 않는 회의

교수가 되고 나니 공식적인 회의에 참석할 일이 많아졌다. 특히 학과의 다양한 업무를 논의하고 결정하는 교수회의는 한 달에 한 번씩 열리는데, 미국의 회의 문화를 배우기에 최적의 자리였다. 회의에서 논의할 안건은 미리 교수들에게 이메일로 전달된다. 안건에 관련된 자료가 있다면 역시 미리 다 받아서 회의 전에 살펴볼 수 있다. 회의에서는 안건을 준비한 교수가 안건에 대해 설명하고 전체 교수진의 의견을 묻는다. 영어 표현에 'open the floor'라는 말이 있는데, 이렇게 회의 참석자들이 질문을 하거나 의견을 개진할 기회를 주는 것을 말한다.

교수회의에서는 학과장이 회의의 의장을 맡는데, 토론 과정에서 교통정리를 하는 핵심적인 역할을 수행한다. 의장은 토론을 진행해 참가자의 의견을 모으는 사람이지, 절대 지시를 하달하거나 자기 의견을 강요하는 사람이 아니다. 그렇기에 의장은 자신의 발언은 자제하고, 참석자들의 발언을 권유한다.

충분히 토론이 되면 표결로 안건을 채택할지 기각할지를 결정한다. 하지만, 토론이 더 필요하다는 판단이 들면 표결을 미루기도 하고, 토론을 통해 안건의 문제점이 드러나는 경우에는 아예 안건을 새로 준비하도록 지시하기도 한다.

회의의 모든 과정은 로버트 회의법Robert's Rules of Order이라는 절차를 따라 진행된다. 이는 헨리 로버트Henry Robert라는 미국 육군 장교가 1876년에 출간한 회의 진행 지침인데, 미국 의회에서 회의를 진행하는 방식으로 채택되었고, 그 후 미국 사회 모든 회의의 표준이 되었다. 내가 속한 미국감리교회The United Methodist Church 교단 회의도, 동네의 일을 같이 결정하는 자치기구Home Owners' Association도 모두 같은 방식으로 이뤄진다. 그러니 대학의 모든 공식적인 회의도 이 방식을 따라 진행되는 것이 당연하다. 미국이 워낙 소송의 천국이어서 그럴 수도 있겠지만, 규정에 맞지 않게 진행된 회의에서 내린 결정은 추후에 법적으로 문제가 될 수도 있다는 생각을 모두 공유하고 있다.

학과 교수회의의 꽃은 신임교수 채용과 교수 승진이 안건으로 올라온 회의들이다. 신임교수 채용은 말할 것도 없고, 재직 중인 교수를 승진시키는 결정도 학과에 지대한 영향을 준다. 특히 조교수의 경우, 부교수로 승진이 되지 않으면 학과를 떠나야 하고, 승진이 되면 죽을 때까지 그 학과에서의 교수직이 보장되는 종신재직권tenure을 받게 된다. 즉, 신임교수 채용도 교수 승진도 학과의 구성원을 결정하는 자리이기에, 그 어느 회의보다도 교수들의 참여도가 높고 토론도 뜨겁다.

한 번은 신임교수 후보자 2명을 두고 학과의 교수들의 의견이 반으로 갈려 토론이 무척이나 길어졌다. 그러다 보니, 두 후보자의 문제점을 지적하는 발언이 쏟아져 나오고, 분위기가 영 좋지 않게 되었다. 어느 쪽으로도 의견이 모일 것 같지 않은 상황이 계속되자 학과장은 아예 표결을 하지 않고 채용 자체를 취소하는 결정을 내렸고, 학과의 교수들은 모두 그 결정에 따랐다. 임용된 지 얼마 되지 않았던 나에게는 무척이나 놀라운 결과였다(솔직히 당시에는 '도대체 난 어떻게 뽑힌 거지'라는 의문이 먼저 들기는 했다). 전체의 의견이 모이지 않는 상황에서는 다수결로 적지 않은 소수의 의견을 묵살하는 것이 합리적이지 않다는 데 모두가 암묵적으로 동의하고 있기에 가능한 일이었다.

차별과 편견이 비합리적인 이유

조직의 성공을 위해서는 탁월한 리더뿐 아니라 능력 있는 구성원이 필요하다는 것은 두말할 여지가 없다. 그러기 위해서는 인재 선발에서부터 합리적인 평가가 이루어져야 한다. 즉, 그 조직에서 담당할 역할에 맞는 적절한 능력이 있는지가 평가의 기준이 되어야 한다.

이런 합리적인 평가를 방해하는 요인으로 종종 보이는 것 중 하나가 개인의 능력과 그 개인이 속한 집단의 능력을 혼동하는 것이다. 어느 도시에 두 대학교가 있다. 편의상 A대와 B대라고 하자. 그 도시 사람들은 누구나 A대가 B대보다 더 좋은 학교라고 인정한다. 사실 입학 성적으로 보나 고시 합격률을 보나 A대가 B대를 항상 앞선다. 그래서 A대 학생들은 언제 어디서나 B대 학생들 앞에서 목에 힘이 들어간다. 심지어 그 도시에 있는 회사들은 가능하면 A대 출신을 채용하려고 한다. B대 출신이 이런 상황에 분통을 터뜨리면, A대 출신은 각종 지표를 들이대며 객관적으로 우리가 더 나아서 더 좋은 대접을 받는데 뭐가 문제냐고 따진다.

이 도시 사람들의 문제는 무엇일까? 이들은 생태오류ecological fallacy라는, 집단의 지표를 개인의 지표로 착각하는 논리적 오류에 빠져있다. 다음 페이지의 도표를 보자. 여기서는 두 학교 졸업생들의 집무수행 능력을 산점도scatter plot로 보여준다.

사람들이 알고 있는 것과 같이 평균을 보면 당연히 A대가

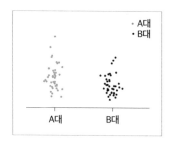

앞선다. 하지만 그렇다고 모든 A대 졸업생이 B대 졸업생보다 뛰어난 건 절대 아니다. 만약에 회사에서 직무 수행 능력에 근거해 합리적으로 신입사원을 채용하고자 한다면, A대든 B대든 상관없이 능력이 우수한 지원자를 선발해야 한다. 그럼 물론 A대 출신이 더 뽑히긴 하겠지만, B대 출신도 상당수 뽑힐 테고 회사 입장에서는 가장 우수한 직원들을 갖게 된다. 그런데 회사가 A대니 무조건 뽑고 보자는 편견을 가지고 있다면, 뛰어난 능력을 가진 B대 출신보다 수행 능력이 떨어지는 A대 출신을 뽑게 될 테고 직원의 전체 수준은 오히려 더 낮아진다.

이렇듯 비합리적인 일이 정말 일어날까 싶지만, 우리 사회에는 언제 어디서나 편견이 작용하고 이런 황당한 일이 실제로 일어난다. 여기서는 A대, B대라는 가상의 두 대학교를 예로 들었지만, 만일 이 두 그룹이 남자와 여자라면? 평균적으로는 남자가 여자보다 체력이 좋다. 하지만 한 남자와 한 여자를 두고 비교했을 때, 당연히 남자가 여자보다 체력이 좋을까? 그건 알 수 없다. 물론 돈을 걸라면 통계에 근거한 예측으로 남자가 더 체력이 좋다는 쪽에 거는 것이 더 유리할 것이다. 하지만, 그렇지 않을 가능성도 얼마든지 있다.

박사 과정 때 같은 과의 대학원생들과 소프트볼 팀을 만들어 교내 리그전에 참가한 적이 있었다. 혼성 리그여서 경기에 출전하는 여학생이 일정 숫자가 되어야 하는데, 그때 우리 팀 미국인 여학생 다수가 체력으로 나를 쉽게 압도했다. 어렸을 때부터 여학생도 남학생과 별 차이 없이 꾸준히 운동을 해온 이곳에서는 전혀 놀라운 일이 아니었다. 그럼 체력이 필요한 자리에 무조건 남자를 채용하는 것이 합리적인 방식일까, 아니면 남자든 여자든 상관없이 체력을 측정하고 뽑는 게 더 합리적인 방식일까? 당연히 후자이다.

안타깝게도 개인의 지표와 집단의 지표의 혼동에서 오는 편견은 우리 삶의 구석구석에 깊게 배어있다. 위의 예에서 이야기한 것과 같은, 출신 학교에 의한 편견이나 성별에 의한 편견은 무척이나 뿌리가 깊다. 인종차별도 마찬가지이다. 개인의 능력이나 성향은 살펴보기도 전에 백인이기 때문에 또는 흑인이기 때문에 이미 평가를 내리고 있다면, 이는 고정관념 stereotyping에 바탕을 둔 평가일 뿐이고, 합리성과는 거리가 달나라만큼이나 멀다.

많은 경우 고정관념은 객관적인 통계에 기반을 두고 있지 않다. 그저 제한적인 개인의 경험, 사회의 통념, 미디어의 영향

등에 의해서 만들어진 허상일 가능성이 크다. 앞의 두 대학교의 예에서 본 것과 같이 객관적인 통계에 근거한 고정관념조차 개개인을 합리적으로 평가하는 데 방해가 되는데, 근거조차 없는 고정관념이 사회에 끼치는 폐해는 말할 것도 없다.

고정관념은 일단 만들어지면 쉽게 깨지지 않는다. 특히 자신이 고정관념으로 이득을 보는 경우에는 전혀 그 고정관념을 깰 생각도 없고 그게 문제라고 생각하지도 못한다. 초라한 능력의 소유자들은 오히려 고정관념을 공고히 하기 위해 열심이다. 부족한 개인의 지표를 자신이 속한 집단의 지표로 대체하면서 위안을 삼아야 하기 때문이다. '나 어느 대학 출신'을 강조하는 사람이 딱 여기에 해당한다. 그 내면의 동기를 생각해 보면 은근 짠하다. 그러니 그럴 때는 "그래서 뭐?" 하지 말고 "와 대단하다" 외치며 물개 박수라도 쳐주시길 바란다. 오죽하면 저러겠나 생각해 주시고 말이다.

편견에 취약한 인간

인간은 왜 이런 편견에 취약할까? 아주 다양한 설명이 있겠지만, 심리학자 대니얼 카너먼Daniel Kahneman의 이론을 바탕으로 생각해 보자. 대니얼 카너먼은 2002년 노벨경제학상을 수상했는데, 노벨경제학상 수상자 중 경제학자가 아닌 유일한 수상자이다. 그가 쓴 대중교양서 《생각에 관한 생각》이라는 책에 편견의 뿌리를 살펴볼 수 있는 유용한 심리학적 설명이 나온다.

카너먼은 우리가 생각할 때 시스템 1과 시스템 2라는 2가지의 시스템을 사용한다고 이야기한다. 시스템 1은 즉흥적이고 직관적이며 때론 무의식적인 빠른 사고이고, 시스템 2는 신중하고 논리적이며 의식적인 느린 사고이다. 이 두 시스템은 각각의 장단점이 있다. 시스템 1은 쉽게 답을 찾지만 정확하지 않을 수 있다. 반면에 시스템 2는 좀 더 정확하지만 시간과 노력을 필요로 한다. 살면서 우리는 이 2가지 시스템을 모두 사용한다. 낯선 문제에 맞닥뜨렸을 때는 시스템 2가 작동한다. 운전을 처음 배울 때, 외국어를 처음 배울 때, 구구단을 처음 배울 때가 그런 예이다. 시스템 2가 작동하면 이것저것 다 살피고 따져야 해서 골치가 아프다. 하지만 그렇게 하지 않으면 주어진 문제를 감당할 수가 없다. 그런데 비슷한 문제를 반복해서 풀다 보면, 점점 문제가 쉬워지고 척 보면 답이 나오는 상태가 된다. 운전하면서 경치도 구경하고 수다도 떨 수 있고, 외국어도 간단한 문장은 술술 나오고, 구구단도 자동으로 튀어나온다. 드디어 시스템 1로도 문제를 해결할 수 있게 된 것이다. 경험이 쌓이면서 뇌 안에 비슷한 문제를 푸는 최단경로가 만들어지고 최소한의 노력으로 답을 찾을 수 있게 된다.

문제는 우리가 종종 시스템 2를 써야 할 때도 시스템 1을 사용해 잘못된 판단을 하게 된다는 것이다. 내 앞에 있는 사람을 판단해야 할 때가 대표적이다. 그 사람이 어떤 사람인지를 알기 위해서는 상당히 많은 정보가 필요하다. 하지만 종종 우리는 단순히 시스템 1을 사용해서, 쉽게 얻을 수 있는 제한적인 정보만으로 빠르지만 잘못된 판단을 한다. 흔히 눈으로 보이는 외적 특징인 피부색과 성별이 제한적인 정보로 사용되고, 인종차별과 성차별이라는 뿌리 깊은 편견이 판단을 지배한다.

다른 제한적인 정보로는 외모와 옷차림이 있고, 이에 따른 외모 차별과 빈부 차별이라는 편견 또한 판단에 영향을 미친다. 시스템 1을 사용한 빠른 판단에는 자신의 주관적인 경험이 한몫을 단단히 한다. 심지어는 경험이 없는 상황에서도 사회적 통념, 종교적 신념, 동조 압력peer pressure과 같은 외적 영향이 경험을 대신하기도 한다.

물론 주관적 경험과 외적 영향으로 형성된 시스템 1이 유용한 경우도 많다. 하지만 시스템 1이 편견이 작동하는 통로로 작동하면 심각한 문제가 될 수 있다. 왜 우리는 시스템 2를 사용해야 할 때도 굳이 이렇게 편견에 취약한 시스템 1을 사용하는 걸까? 안타깝게도 우리의 무의식은 시간과 노력이 더 드는 시스템 2를 기피하고 시스템 1을 선호하는 경향이 강하기 때문이다. 비용도 줄이고 시간도 적게 걸리니 효율성이라는 이름의 합리화도 가능하다. 그러다 보니, 시간과 비용에 인색한 사회일수록 시스템 2를 사용해야 할 때도 시스템 1에 의존하는 경향이 커질 수밖에 없다.

다양성이 바람직한 이유

구성원이 획일적인 조직일수록 시스템 1이 작동하기 쉽다. 획일적인 구성원 사이에 편견이 공유되고, 공유된 편견의 영향을 받은 결정이 민주적인 의사 결정 또는 의견 일치로 포장되어, 시스템 1이 작동하고 있다는 생각도 못 하게 만든다. 남자로만 구성된, 백인으로만 구성된, 또는 중년층으로만 구성된 조직이 어떻게 작동할지 상상해 보면 확 감이 온다. 미국의 학계는 심지어 '중년의 백인 남자'라는 삼관왕 타이틀의 획일적인 구성을 가진 경우도 흔하다(20여 년 전 내가 지금 속한 학과에 임용되었을 때만 해도, 학과 교수진의 90퍼센트가 백인 남성이었다). 이런 학계에서 학회를 열면 '중년의 백인 남자'들이 조직위원회를 구성하고 '중년의 백인 남자' 교수들을 위주로 발표자를 선정한다. 반드시 차별을 작당한 게 아닐지라도, 시스템 1이 작동하여 자신들이 잘 아는 사람들로 발표자를 선정했는데, '중년의 백인 남자'가 잘 아는 학자들은 '중년의 백인 남자'일 가능성이 훨씬 높기 때문이다(한국에서는 심지어 여기에 '동문'이라는 획일성이 추가되기도 한다). 본인들은 못 느껴도 그 획일성을 공유하지 않는 외부인들에게는 편견이 분명히 보인다. 최근에는 이런 획일적인 조직위원회와 획일적인 발표자 명단을 가진 학회를 보이콧하는 경우를 종종 볼 수 있다.

어느 회사에서 프로그래머를 여럿 채용한다고 하자. 일체의 편견을 제거하고 능력과 실력만으로 선발했는데 '백인 남자' 일색이라면 이건 합리적인 선발일까? 미국 같은 사회에서는 이런 개연성이 언제든 존재한다. 만일 이런 일이 발생한다면, 우선 왜 '백인 남자'들의 프로그래머로서의 능력이 다른 그룹보다 뛰어나게 되었을지부터 생각해 봐야 한다. 혹시 교육을 받을 기회에서 차별은 없었는지, 아니면 어떠한 사회적 통념이나 관습의 영향으로 백인이 아니거나 남자가 아닌 학생들이 프로그래머라는 직업을 꺼리게 되지는 않았는지 말이다.

미국에서도 과거에는 여학생이 이공계 전공을 기피하는

경향이 있었다. 여자는 남자보다 수학을 못해서 이공계 전공에 적합하지 않다는 사회적 편견도 만연했다. 하지만 실제 연구 결과들은 성별 간 유의미한 차이가 없다는 것을 보여준다. 결국 사회적 통념이나 편견이 여학생들의 이공계 진학을 막고 있었던 것이다. 미국과학재단National Science Foundation을 비롯해 여러 교육기관이 이런 상황을 개선하기 위해 오랫동안 노력을 해왔다. 그 결과 여학생이 이공계에 진학하는 경우가 눈에 띄게 늘어났다. 이공계에서 뛰어난 능력을 발휘할 수 있던 많은 인재가 그저 편견의 영향으로 제 능력을 발휘하지 못하고 있었던 것뿐이다.

여기서 하나 더 고려해야 할 것은, 능력 우선의 선발로 만들어진 획일적인 조직이 과연 그 회사에 정말 도움이 되는가이다. 이렇게 선발된 직원들이 각자 책상에 앉아서 독립적으로 주어지는 동일한 업무를 수행한다면 아무 문제가 없다. 그 조직의 생산성은 개개인 생산성의 총합이 될 테니 말이다. 하지만, 이 직원들이 서로 머리를 맞대고 공동의 문제를 해결할 창의적인 해법을 찾아야 하는 상황이라면 이야기가 확 달라진다. 획일적인 직원들이 획일적인 아이디어를 낸다면 사람이 아무리 많아도 더 좋은 아이디어가 나오지는 않는다(물론 여기서 백인 남성들은 다 획일적인 아이디어를 낸다고 주장하는 것은 아니다.

백인 남성은 잠깐 잊고 구성원이 획일적인 조직을 상상해 보자). 그렇기에 구성원이 다양한 조직이 훨씬 더 창의적이다. 다양한 배경에서 다양한 아이디어가 나오고 그중에 창의적인 해법이 제시될 가능성이 커진다.

내가 즐겨 보는 의학 드라마 〈하우스〉의 시즌 4에서 괴짜 의사 하우스가 자신이 이끌고 있던 진료 팀의 의사들을 다 해고해 버리고 새 진료 팀을 구성할 의사들을 선발하는 내용이 나온다. 하우스의 명성을 아는 수십 명의 지원자가 몰려온다. 하우스는 지원자와 함께 실제 환자를 진료하면서, 실력이 떨어지는 지원자를 차례로 탈락시킨다.

몇 명 남지 않은 상황에서, 하우스는 매번 자신이 생각하는 것과 같은 답을 했던 지원자를 탈락시킨다. 그러자 그 지원자는 "당신이 이미 생각하는 걸 말해줄 사람이 필요 없군요"라고 말한다. 이에 하우스는 "재미있군요. 내가 그 말 하려고 했는데"라고 답한다(이 지원자의 또 다른 치명적인 결격 사유가 있지만 스포일러가 될 수 있으니 밝히지 않겠다). 천재적인 하우스와 같은 생각을 할 수 있는 뛰어난 후보를 탈락시키다니, 능력 위주 선발의 관점에서는 이해가 되지 않는 대목이다. 하지만 하우스가 어떻게 미스터리와 같은 증상을 가진 환자들을 진단해 왔는지 본 시청자라면 바로 납득할 수 있다. 하우스는 환자의 여러 증상을 놓고 항상 자신의 진료 팀과 가능성이 있는 병명을 하나하나 화이트보드에 써가면서 토론을 한다. 서로의 주장이 달라 열띤 논쟁을 벌이기도 하는데 그러면서 결국 정답을 찾아내는 것이 이 드라마의 묘미이다. 그런 하우스에게는 자신이 생각하지 못하는 걸 생각해 낼 수 있는 사람이 필요했던 것이다. 창의적인 팀을 구성하기 위해서는 다양한 생각을 가진 사람들로 팀을 구성해야 한다는 걸 하우스는 너무도 잘 알고 있었다.

몇 시간에 불과하기는 하지만 매년 의학전문대학원 학생들에게 강의를 한다. 강의 중간 쉬는 시간이 되면 종종 학생들에게 학부 때 전공이 무엇이었는지 물어본다. 물론 화학, 생화학, 생물학을 전공했던 학생들이 다수이긴 하다. 하지만 물리학, 항공공학, 스페인 문학, 심리학 등 의학과 별로 관련이 없어 보이는 학문을 전공한 학생들을 제법 만난다. 의과대학이 획일성을 탈피하고자 정책적으로 학부 전공이 다양한 학생들을 선발한 결과이다. 다양한 전공지식을 갖춘 학생들이 훗날 의사가 됐을 때 하우스의 진료 팀과 같이 다양한 생각을 가진 창의적인 팀을 만들 수 있기를 기대하는 것일 테다. 이공계 연구실의 구성원도 마찬가지이다. 생물학 연구실이라고 다 생물학 전공자만 있는 것이 아니다. 다양한 학부를 전공한 대학원생들과 다양한 박사학위를 가진 박사후연구원으로 구성된 연구실을

　　　　　사회: 더 나은 결정을 내리고 싶다면

종종 만날 수 있다.

　학계의 대가 중에서도 학부와 대학원과 박사후연구원 과정에서 매번 다른 과목을 전공한 학자가 흔하다. 약물 전달drug delivery과 조직공학tissue engineering의 세계적 석학인 매사추세츠 공과대학Massachusetts Institute of Technology, MIT 화학공학과의 로버트 랭어Robert Langer 교수가 좋은 예이다. 화학공학으로 박사학위를 하고 나서 거액의 연봉을 제시하는 여러 정유회사의 제안을 다 거절하고, 뭔가 새로운 것을 배우고 싶어 혈관 형성에 관련된 연구를 하는 하버드대학교 의학대학 연구실에 박사후연구원으로 들어갔다. 의학에 대해서 아무것도 모르는 상태에서 혈관 형성에 대한 연구를 시작했지만, 몇 년 뒤 혈관 형성을 억제하는 새로운 인자를 찾아내고, 그 혈관 형성 억제 인자를 넣은 고분자를 사용해 암을 치료하는 신기술을 고안해 낸다. 이렇게 화학공학 박사로 의학 연구에 뛰어들었던 무모했던 젊은이는 지금은 1000개가 넘는 특허를 출원한 의공학계의 전설이 되었다. 물론 그가 탁월한 학자였다는 데는 논란의 여지가 없다. 하지만, 이런 걸출한 인물이 탄생할 수 있었던 데는 의학에 대해서 아무것도 모르던 화학공학자를 연구원으로 채용했던 하버드대학교 의학대학 주다 포크먼Judah Folkman 교수의 선구자적인 혜안이 큰 몫을 하지 않았나 싶다.

소수를 배려하는 건 손해일까?

다양성을 추구하기 위해서는 소수에 대한 배려가 필수적이다. 다름을 인정하지 못하고 사회적 압박으로 소수가 다수를 따라가게 강요하는 건 다양성을 싹부터 죽이는 최상의 방법이다. 그래서 '국론 분열'이라는 말을 들을 때마다 참 안타깝다. 왜 국론은 하나로 모여야만 할까? 다른 의견이 존재하지 않고 모두가 하나의 의견을 가지는 것이 과연 바람직한 일일까? 혹시 그 사회에 또는 그 국가에 치명적인 결함이 되는 것은 아닐까? 오랜 기간 동안 다양성의 이로움을 여러모로 경험한 입장에서는 오히려 섬뜩하게 들리는 게 이런 획일성의 추구이다. 반스 앤드 노블 본사가 모든 서점의 구성과 도서 배치를 일괄적으로 지시하며 파산에 이르고 말았고, 각 서점의 다양성을 확보하면서 회생의 길로 들어섰던 예에서도 알 수 있다.

획일성은 사회에 해로운 영향을 끼칠 수 있을뿐더러, 획일성을 추구하는 과정에서 다른 의견을 가진 소수에게 고통과 피해를 입힐 수 있다. 다수와 다른 소수의 의견이 있다면, 그저 편안하게 시스템 1을 작동시킬 게 아니라 약간은 불편하더라도 시스템 2를 작동시켜서, 왜 그들은 다른 의견을 가지고 있나 들어봐야 하지 않을까? 자유를 추구하는 사회라면 소수가 다른 의견을 가질 자유도 인정해 주어야 하지 않을까? 그 소수의 의견이 다수가 보지 못하고 깨닫지 못하던 새로운 길을 제시할 가능성도 고려해 봐야 하지 않을까?

다수와 소수로 이야기했지만, 사회적 강자와 사회적 약자, 권력을 가진 자와 권력을 가지지 못한 자, 부를 가진 자와 부를 가지지 못한 자에게도 동일하게 적용할 수 있다. 가지지 못했기에 무시해도 좋은 인간은 단 한 명도 없다. 보수와 진보의 대립을 이야기하는 것이 아니다. 인권에 대한 이야기이고, 사회와 국가의 존재 가치에 대한 이야기이고, 더 건강하고 더 활기찬 사회에 대한 이야기이다. 최근에 반스 앤드 노블 서점에 들러 이런저런 책을 뒤적이다가, 우연히 함무라비 법전을 만든 바빌론 제1왕조 제6대 왕 함무라비의 인용을 발견했다.

정부의 첫 번째 임무는 힘을 가진 자들로부터 힘을 가지지 못한 자들을 보호하는 것이다.
The first duty of government is to protect the powerless from the powerful.

300년 전 사회계약론을 주창했던 철학자들의 주장이 아니라 무려 3700년 전에 이 땅에서 살았던 함무라비의 주장이다. 이 정도면 급진적 가치라고 백안시할 것이 아니고, 인류가 오랜 시간 이 땅에서 살아오기 위해 공유해 온 소중한 가치라고 해야 마땅하지 않을까?

★★★

인생의 수수께끼

여기에서 소개하는 퀴즈가 조금 어려워 보이기는 하지만,

그 풀이 과정은 놀랄 정도로 명쾌하고 흥미롭다.

정말이다.

어려운 문제를 풀 땐 이 사실을 잊어서는 안 된다.

6장

퍼즐

어려울수록 더 재미있다

금화가 가득 든 자루 5개가 있다. 그런데 이 자루 중 하나에 들어있는 금화는 모두 가짜이다. 진짜 금화의 무게는 10g이지만, 가짜 금화의 무게는 9g이다. 그리고 당신에게는 그램 단위로 무게를 정확히 잴 수 있는 저울이 하나 있다. 이 저울을 한 번만 써서 가짜 금화가 든 자루를 찾을 수 있을까? 물론 당신은 자루에서 원하는 만큼 금화를 꺼낼 수 있다.

그리 어렵지 않은 문제이다. 자루에 1번에서 5번까지 번호를 붙이고 나서 각 자루에서 번호와 같은 수의 금화를 꺼내 한 꺼번에 무게를 재면 된다. 모두 진짜 금화라면 금화 15개의 무게는 150g이어야 하지만, 가짜 금화가 있기에 무게가 덜 나올 것이다. 각 자루에서 나온 금화의 수가 자루의 번호와 같기에, 몇 그램 덜 나가는지를 보면 몇 번 자루에 가짜 금화가 들어있는지 바로 알 수 있다.

문제를 조금 더 어렵게 만들어보자. 앞의 문제에서는 단 한 자루만 가짜 금화였지만, 만일 가짜 금화가 든 자루가 몇 개인지 모른다면? 즉 가짜 금화가 든 자루가 하나도 없을 수도 있고, 다섯 자루가 다 가짜 금화일 수도 있다. 그래도 저울을 한 번만 써서 가짜 금화가 든 자루를 찾을 수 있을까? 역시 가능하다. 이번에도 자루에 1번에서 5번까지 번호를 붙인다. 그리고 각 자루에서 금화를 꺼내는데, n번 자루에서 2^{n-1}개의 금화를 꺼낸다. 즉 순서대로 1개, 2개, 4개, 8개, 16개의 금화를 꺼내는 거다. 금화의 개수는 모두 31개이니, 무게가 310g이라면 모두 진짜 금화일 것이다.

하지만 무게가 부족하다면 얼마나 덜 나가는지를 보고 어느 자루가 가짜 금화 자루인지 바로 알 수 있다. 예를 들어, 11g이 부족하다면, 1번(1g)과 2번(2g), 4번(8g) 자루의 금화가 가짜이다. 이외에 다른 어떠한 조합으로도 11g을 만들 수 없다. 첫 번째 문제를 풀 때처럼 각 자루의 번호와 같은 수의 금화를 꺼내서는 이 문제를 풀 수가 없다. 예를 들어 3g이 부족하다면 3번 자루가 가짜일 수도 있고, 1번과 2번 자루 둘 다 가짜일 수도 있다.

왜 하필 1, 2, 4, 8, 16으로 꺼내야 할까? 바로 그 숫자들이 이진수의 각 자리에 해당하는 숫자들이기 때문이다. 앞에서 부

퍼즐: 어려울수록 더 재미있다

족한 무게 11g을 이진수로 바꾸면 1011_2이 되는데, 오른쪽 끝에서부터 1이 나오는 자리, 즉 1번과 2번, 4번이 가짜 자루의 번호이다. 재미로 푸는 퍼즐이지만 해결 방법에는 이진법이라는 수학적인 원리가 들어있다. 그리고 실제로 컴퓨터 프로그래밍에서는 이 퍼즐의 경우와 같이 이진수를 이용해 복잡한 문제를 쉽게 해결하는 다양한 비법이 사용된다.

복잡한 문제를 쉽게 해결하는 이진수

어느 부대에 100명의 병사가 있는데, 그중에 1명의 코로나19 환자가 있다. 물론 단 1명의 환자가 있다는 게 비현실적이지만 일단 그렇게 가정해 보자. 100명의 병사 중 1명의 환자를 찾아내야 한다. 물론 100명을 일일이 검사해도 되겠지만, 그러면 비용과 시간이 만만치 않게 든다. 좀 더 적은 수의 검사로 환자를 찾는 방법이 없을까? 여기서도 이진수를 활용하면, 단지 7번의 검사로 1명의 환자를 찾아낼 수 있다.

병사들에게 1번에서 100번까지 번호를 주고 그 번호를 이진수로 바꾼다. 마지막 번호 100은 1100100_2으로 7자리의 이진수가 된다. 그리고 나서, 이진수로 만든 번호의 첫 번째 자리가 1인 병사들의 검체를 다 모아서 1번 샘플을 만들고 두 번째 자리가 1인 병사들의 검체를 다 모아서 2번 샘플을 만드는 방식으로, 일곱 번째 자리가 1인 병사까지 7개의 샘플을 만든다. 각 자리의 수가 1 아니면 0이니, 대략 샘플당 50명의 병사의 검체가 섞이게 된다.

다음으로 7개의 샘플이 양성인지 아닌지 확인한다. 그리고 양성이 나온 샘플의 번호에 해당하는 자리에 1을 넣어 이진수를 만든다. 예를 들어, 2번, 3번, 5번 샘플이 양성이라면 10110_2이 된다. 그럼 이 이진수를 십진수로 바꾼 22번 병사가 코로나 양성환자이다. 22의 이진수를 보면 알 수 있듯이 이 병사의 검체는 2번, 3번, 5번 샘플에 들어 갔고, 그 샘플만 양성이 된 것이다. 각 병사들에게 고유한 이진수 번호를 할당했고, 그 번호에 따라 검체를 모아 샘플을 만들었기 때문에, 각 병사의 검체가 들어간 샘플 번호의 조합도 고유하다. 그래서 양성이 나온 샘플의 번호를 보면 해당 병사를 찾을 수가 있는 것이다.

물론 앞의 문제에는 단 1명의 코로나19 환자라는 비현실적인 가정이 있었다. 현실에서는 몇 명의 환자가 있을지 알 수 없으니, 7번의 검사로 환자를 찾아내는 것은 불가능하다. 게다가 50명의 검체를 섞어서 검사를 하면 각 검체의 농도가 너무 낮아져서, 그중에 양성인 검체가 있다고 해도 제대로 결과가

퍼즐: 어려울수록 더 재미있다

나오지 않을 수도 있다. 하지만 코로나19 환자 수가 충분히 적은 경우라면, 병사 10명에서 채취한 검체를 섞어 10번 검사하고, 양성이 나온 그룹에 속한 병사들만 다시 각각 검사를 해서 양성인 환자를 찾아내는 것이 충분히 가능하다. 7번보다는 많지만 그래도 100번보다는 훨씬 적은 수의 검사로 환자를 찾아낼 수 있다.

이렇게 검체를 섞어 검사를 하는 방식을 풀링pooling이라고 하는데, 2020년 이후 코로나19가 전 세계로 확산되자 실제로 특정 집단에서 코로나19 환자를 찾아내기 위해 종종 사용한 방법이다. 풀링은 화학이나 생물학 연구에서도 종종 응용된다. 수천 개의 화합물 중에 특정 성질을 가진 화합물을 찾아내거나, 수천 개의 유전자 중에 특정 기능을 가진 유전자를 찾아내야 할 때 이런 방식을 적용할 수 있다. 과학적인 문제를 해결할 때도 마치 퍼즐 풀듯이 기상천외하고 신기방기한 방법을 써서 해결 속도를 비약적으로 높이는 경우가 있는 것이다.

몰입할 수 있어야 행복하다

앞의 두 예에서 볼 수 있듯이, 퍼즐로 보이는 문제가 실은 과학적인 문제이기도 하고 과학적인 문제가 퍼즐이 되기도 한다. 이렇게 퍼즐 풀듯이 과학 연구를 하면, 정말 연구에 푹 **빠**질 수 있다. 그런데 과학 연구하는 게 일이 되어 지겨워지면, 그냥 퍼즐이나 풀면서 놀고 싶기도 하다. 퍼즐만 풀어도 과학 문제 푸는 것만큼 재밌으니 말이다. 과학 문제의 게임 버전이 퍼즐이라고나 할까? 물론 퍼즐 푼다고 누가 월급 주지는 않겠지만 말이다. 하여간 이렇게 과학 연구와 퍼즐이 비슷하다 보니, 과학자들 중에 퍼즐 푸는 걸 즐기는 사람들을 흔하게 본다.

왜 이 사람들은 이렇게 뭔가를 푸는 걸 좋아할까? 과학은 그렇다 쳐도 돈도 안 되는 퍼즐까지 말이다. 사실 그들이 즐기는 건 몰입이 아닐까 싶다. 문제를 풀기 위해 몰입하고 있을 때 즐거움을 느끼기에, 그 대상이 과학 문제가 되었건 퍼즐이 되었건 몰입할 수 있는 게 있다면 달려드는 것이다.

몰입flow을 연구하는 심리학자들이 있다. 무언가에 온 마음이 쏠려있는 상태를 몰입이라고 하는데, 헝가리의 심리학자 미하이 칙센트미하이Mihaly Csikszentmihalyi 박사가 1970년대에 이런 상태를 연구하고 몰입이라고 명명해서 지금까지 그렇게 불리고 있다. 이렇게 몰입된 상태가 되면 우리의 두뇌는 특정 작업을 수행하는 데 특화되고 효율성이 극대화된다. 심지어 옆에서 누가 불러도 듣지 못하기도 한다. '둘이 먹다가 하나가 죽어도 모를 맛'이라는 우리 말 표현이 있는데, 딱 몰입에 대한 이 야기이다. 얼마나 그 맛에 빠져들었기에 옆에 사람이 죽어도 모른단 말인가. 불교에 자아라는 존재마저 사라져버리는 열반의 경지를 일컫는 무아지경無我之境이라는 말이 있는데, 정말 이런 몰입의 상태가 되면 감각을 상실해서 자아의 존재마저 느끼지 못하게 되기도 한다. 또 시간 감각에 왜곡이 생겨서 말 그대로 '시간 가는 줄 모르게' 된다. 우리 속담에 '신선놀음에 도끼 자루 썩는 줄 모른다'라는 말이 있는데, 신선놀음에 심하게 몰입되어 시간을 잊었다는 말이겠다. 도끼 자루 썩는 데 적어도 몇 달은 걸릴 텐데 과장이 좀 심하긴 하지만 말이다.

이런 대단한 몰입은 아닐지라도 누구나 일상에서 소소한 몰입을 흔히 경험한다. 정신없이 빠져들게 하는 영화, 드라마, 만화, 게임 등의 후기에 "몰입력 장난 아님"이란 말도 흔히 볼 수 있다. 운 좋게 책이나 공부나 일에 몰입할 수 있는 사람도 소수 있다. 그런 사람을 우리는 책벌레, 공부벌레, 일벌레라고 부른다(왜 다들 싫어하는 벌레로 부르는지 의아하다. 어쩌면 부러워서 그런 건가 싶기도 하다). 하여간 이렇게 인간은 누구나 자신이 몰입할 수 있는 걸 찾아 즐긴다. 행복에 관한 연구를 하는 심리학자로 유명한 하버드대학교의 다니엘 길버트Daniel Gilbert 교수는 인간은 집중을 하지 못할 때 불행하다는 것을 실제 실험을 통해

증명하기도 했다. 대상이 스마트폰 게임이든 동영상이든 사랑하는 사람의 얼굴이든 몰입하고 있으면 행복하다. 그러니 몰입에 중독된 인간이 몰입할 대상을 찾지 못하면, "심심해 죽겠어!"를 연발하며 몰입 금단현상에 괴로워하며 몸을 뒤튼다. 이 몰입의 대상이 누군가에게는 퍼즐이고 과학 연구이기도 하다.

가짜 금화 문제와 정보이론

박사과정을 마칠 무렵인 2000년 말이었다. 페이스북도 트위터도 생기기 전, 퍼즐 좋아하는 친구들과 게시판을 만들어서 활동했다. 이름은 퀴즈 게시판이었지만, 주로 논리나 수리와 관련된 퍼즐이 올라왔다. 서로 어려운 문제를 내느라 경쟁이 치열했는데, 정말 "몰입력 장난 아님"이었다. 새 문제가 올라오면 풀 때까지 몇 시간이고 매달리고, 다들 자존심은 강하고 속은 좁고 하다 보니 푸는 방법 가지고 토론하다 서로 기분 상하는 일도 있고 해서, 아내가 아주 싫어했다. 그때 기발한 퍼즐을 많이도 풀었는데 모아두지 않은 게 정말 안타깝다. 친구의 개인 서버에 있던 게시판은 진작에 어디로 사라지고 이제는 우리 머릿속에 희미한 기억으로만 남아있으니 말이다. 앞서 예로 들었던 가짜 금화 문제도 그 게시판에서 친구들과 같이 풀었던 것이다. 앞에서는 그램 단위로 무게를 알 수 있는 저울을 썼지만, 양팔저울로 푸는 문제도 제법 흥미롭다.

일단 초급 문제다. 초등학생도 풀 수 있는 기초적인 양팔저울 문제부터 시작하자. 금화가 8개 있고, 그중 하나는 가짜여서 무게가 덜 나간다. 양팔저울을 3번만 쓰고 가짜 금화를 찾아보자. 먼저 4개씩 양쪽에 달아, 가벼운 4개를 찾고, 그 4개를 2개씩 양쪽에 달아 다시 가벼운 2개를 찾고, 마지막으로 그 둘 중에 가벼운 걸 찾으면 된다. 이 방법을 쓰면, 저울을 n번 쓰고 2^n개 중에서 가벼운 금화 하나를 찾을 수 있다.

중급 문제다. 이번에는 금화가 9개 있고, 그중 하나가 가짜여서 무게가 덜 나간다. 이번에는 양팔저울을 2번만 쓰고 가짜 금화를 찾아보자. 금화는 1개가 늘었는데, 저울은 오히려 한 번 덜 써서 푸는 거다. 9개 중에 3개는 빼놓고, 나머지 6개를 3개씩 나누어 저울 양쪽에 단다. 만일 저울이 기운다면, 가벼운 쪽 3개 중에 가짜가 있다. 만일 저울이 수평이라면 빼놓은 3개 중에 가짜가 있다. 그러면 가짜가 속한 3개 중에 역시 하나를 빼고 2개를 양쪽에 달아 가벼운 걸 찾는다. 만일 저울이 수평이라면 빼놓은 1개가 가짜이다.

양팔저울이라 한 번 저울질할 때마다 후보 중 반을 제외할 수 있을 것이라 생각하기 쉬운데, 그렇지 않다. 사실 저울에 올리지 않는 선택지가 있어서, 한 번 저울질할 때마다 후보 중 3분의 2를 제외할 수 있다. 그래서, 양팔저울을 n번 쓰면 최대 3^n개 중에서 가벼운 금화 하나를 찾을 수 있다. 같은 저울로 하는 검사인데도, 얻을 수 있는 정보의 양을 늘릴 수 있는 비법이 숨어있었던 거다.

이제 본게임인 상급 문제이다. 이번에는 금화 12개가 있고, 그중 하나가 가짜인데, 진짜보다 무거울 수도 있고 가벼울 수도 있다. 양팔저울을 3번만 쓰고, 가짜 금화를 찾고, 가짜가 무거운지 가벼운지도 알아내야 한다. 12개 중 하나가 무겁거나 가벼운 2가지 경우가 있어, 모두 24가지의 경우가 있다. 9개 중에 가벼운 가짜가 1개 있을 때는 모두 9가지의 경우가 있었는데 말이다. 경우의 수는 2배가 넘게 늘었는데, 저울은 겨우 한 번 더 쓸 수 있다. 과연 이게 가능할까? 놀랍게도 가능하다.

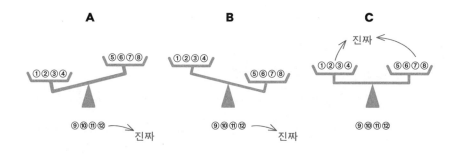

퍼즐: 어려울수록 더 재미있다

설명을 위해 금화 12개에 1번에서 12번까지 번호를 붙여보자. 1~4번을 저울의 왼쪽에, 5~8번을 저울의 오른쪽에 단다. 그리고 그 결과에 따라 어떤 정보를 얻을 수 있고 경우의 수가 어떻게 줄어드는지 살펴보자.

A. 저울의 왼쪽이 무거운 경우

우선 9~12번은 진짜이다. 그리고 1~4번 중에 무거운 가짜가 있을 수도, 5~8번 중에 가벼운 가짜가 있을 수도 있다. 그래서 이제 경우의 수가 8로 줄어들었다.

B. 저울의 오른쪽이 무거운 경우

이 경우에도 9~12번은 진짜이다. 그리고 1~4번 중에 가벼운 가짜가 있을 수도, 5~8번 중에 무거운 가짜가 있을 수도 있다. 역시 경우의 수가 8로 줄어들었다. 즉, A와 대칭되는 상황이다.

C. 저울이 평형을 이룰 경우

이 경우에는 1~8번이 진짜이다. 그리고 9~12번 중에 가벼운 가짜가 있을 수도 무거운 가짜가 있을 수도 있

★★★ 인생의 수수께끼

다. 이 경우도 남은 경우의 수는 8이다.

저울질 한 번으로 경우의 수를 24에서 8로 줄였다. 역시 한 번에 3분의 2의 경우를 제외할 수 있었다. 그럼 저울을 두 번 더 써서, 이 8가지 경우 중에 하나를 찾아내면 된다. A의 경우를 살펴보자. 1~4번에 무거운 가짜가 있거나, 5~8번에 가벼운 가짜가 있는 경우이다. 이번에는 1번, 2번, 5번, 6번을 왼쪽에, 3번, 7번, 9번, 10번을 오른쪽에 단다(이외의 해법도 여럿 존재한다). 역시 3가지의 결과를 얻게 되고 경우의 수를 더욱 줄여갈 수 있다.

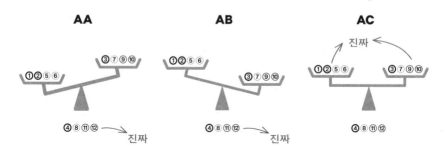

무거울 가능성이 있는 금화는 굵은선, 가벼울 가능성이 있는 금화는 점선, 정상인 금화는 실선으로 표기하였다. 2차 저울질 결과가 1차의 가설과 일치하는 금화만 계속 가짜일 가능성이 있다. 따라서 AA의 경우는 1, 2, 7, AB의 경우는 3, 5, 6, AC의 경우는 4, 8이 가짜일 수 있다.

퍼즐: 어려울수록 더 재미있다

AA. 저울의 왼쪽이 무거운 경우

저울에 달지 않은 4번, 8번은 진짜이다. 그리고 1번, 2번이 무거운 가짜이거나 7번이 가벼운 가짜이다. 5번, 6번이 무거운 가짜이거나, 3번이 가벼운 가짜인 경우는 이미 처음 저울질에서 제외되었다. 그래서 이제 경우의 수가 3으로 줄어들었다.

AB. 저울의 오른쪽이 무거운 경우

역시 저울에 달지 않은 4번, 8번은 진짜이다. 그리고 5번, 6번이 가벼운 가짜이거나, 3번이 무거운 가짜이다. 1번, 2번이 가벼운 가짜이거나, 7번이 무거운 가짜인 경우는 이미 처음 저울질에서 제외되었다. 그래서 역시 경우의 수가 3으로 줄어들었다.

AC. 저울이 평형을 이룰 경우

저울에 단 1~3번과 5~7번이 모두 진짜이다. 그러면 4번이 무거운 가짜거나, 8번이 가벼운 가짜이다. 이 경우에는 남은 경우의 수가 2이다.

★★★ 인생의 수수께끼

이제 경우의 수가 3 이하로 줄었다. 따라서, 남은 한 번의 저울질로 간단히 해결할 수 있다. AA의 경우, 1번과 2번을 저울에 단다. 무거운 쪽이 있다면, 그 쪽이 무거운 가짜이다. 만일 평형을 이룬다면, 7번이 가벼운 가짜이다. AB의 경우에도 5번과 6번을 저울에 달아 같은 방법으로 풀 수 있다. AC의 경우에는 4번과 진짜로 밝혀진 아무 금화나 같이 달아 비교한다. 4번이 무거운 가짜라면 그 쪽으로 기울어질 것이다. 만일 평형을 이룬다면, 8번이 가벼운 가짜이다.

첫 번째 저울질의 결과가 B였다면, A의 경우와 같이 1번, 2번, 5번, 6번을 왼쪽에, 3번, 7번, 9번, 10번을 오른쪽에 달아 풀 수 있다. 첫 번째 저울질의 결과가 반대였기에 두 번째 저울질 결과의 해석은 달라진다. 하지만 푸는 원리는 같다. 첫번째 저울질의 결과가 C였다면, 9번, 10번을 왼쪽에, 11번, 1번을 오른쪽에 단다. 왼쪽이 무겁다면 9번, 10번이 무거운 가짜이거나, 11번이 가벼운 가짜이다. 오른쪽이 무겁다면, 9번, 10번이 가벼운 가짜이거나, 11번이 무거운 가짜이다. 평형을 이룬다면, 12번이 무거운 가짜이거나 가벼운 가짜이다. 어느 경우든 남은 한 번의 저울질로 간단히 해결할 수 있다.

아마 읽다가 중간에 따져보기를 포기한 독자들도 있을 것이다. 수수께끼 같은 퀴즈를 가지고 이렇게까지 하나 싶기도

퍼즐: 어려울수록 더 재미있다

하겠지만, 이 12개의 금화 문제는 1945년 미국의 수학 잡지에 실려서 지금까지도 관련 논문이 나오고 있는 유명한 문제이다. 그만큼 수학적으로도 흥미로운 문제이다.

그렇다면 문제 풀이의 원리를 생각해 보자. 기본적으로 이 문제를 풀기 위해서는 12개의 금화가 각각 다른 경험을 하게 해주어야 한다. 여기서 경험이란 저울의 왼쪽, 저울의 오른쪽, 아니면 바닥, 3가지의 위치를 어떤 순서로 겪는가를 의미한다. 첫 번째에 A, 두 번째에 AA의 결과가 나왔을 때, 각 금화가 어떤 경험을 하는지 아래 표로 정리해 봤다. 독자분들이 쉽게 읽을 수 있도록 저울질로 결과가 밝혀져 더 이상 사용되지 않은 금화의 위치는 표시하지 않았다.

금화	첫 번째	두 번째	세 번째
1	왼쪽	왼쪽	왼쪽
2	왼쪽	왼쪽	오른쪽
3	왼쪽	오른쪽	-
4	왼쪽	바닥	-
5	오른쪽	왼쪽	-
6	오른쪽	왼쪽	-

7	오른쪽	오른쪽	바닥
8	오른쪽	바닥	-
9	바닥	오른쪽	-
10	바닥	오른쪽	-
11	바닥	-	-
12	바닥	-	-

표에서 보면 알 수 있듯이, 가짜로 밝혀진 금화는(이 경우에는 1번 아니면 2번 아니면 7번) 어떤 다른 금화와도 겹치는 경험을 하지 않는다. 금화를 여기저기로 옮겨가며 저울질을 하는 이유가 바로 가짜가 될 가능성이 있는 금화들로 하여금 고유한 경험을 하게 해서 가짜를 찾아내기 위함이다. 이렇게 생각해 보니 이 저울 문제는 100명의 병사 중에 코로나19 환자를 찾는 문제와도 흡사하다. 100명의 병사에서 채취한 검체도 고유한 이진수를 따라서 샘플에 들어갔다. 여기서 금화들이 고유한 경험을 한 것처럼 말이다. 차이가 있다면, 코로나19 검사의 경우는 각 샘플마다 넣느냐 넣지 않느냐의 2가지 선택지가 있었고, 이 저울 문제에서는 각 저울질마다 왼쪽, 오른쪽, 바닥의 3가지 선택지가 있었다는 것이다.

퍼즐: 어려울수록 더 재미있다

이 재미있는 저울 문제는 수학의 한 분과인 정보이론 Information theory을 써서 분석해 볼 수도 있다. 저울질을 한 번 하면 '기울지 않음', '오른쪽으로 기욺', '왼쪽으로 기욺'이라는 3가지 결과 중 하나를 얻을 수 있으니, 저울질 한 번의 정보량을 3이라고 할 수 있다(정보량이란 정보가 주어졌을 때 줄어드는 불확실성의 척도로 일반적으로는 로그함수를 사용하지만, 여기서는 편의상 로그를 생략한다). 3번의 저울질이면 모두 3^3, 즉 27가지의 다른 결과가 나오니, 얻을 수 있는 총 정보량은 27이다. 그러니 24개의 경우 중 하나를 찾아내기에 충분한 정보량이다.

위의 풀이에서, 처음 저울질을 하고 나서는 결과와 상관없이 경우의 수가 8로 줄었다. 남은 두 번의 저울질로 얻을 수 있는 정보량이 $3^2=9$이므로, 역시 8개의 경우 중 하나를 찾아내는 것이 가능하다. 두 번째 저울질을 하고 나서는 경우의 수가 3 이하로 줄어야 한다. 그럼 세 번째 저울질로 문제를 풀 수 있다. 만일 두 번째 저울질을 하고 나서 남아있는 경우의 수가 4라면, 마지막 한 번의 저울질로 해결할 수가 없다. 경우의 수가 한 번의 저울질이 줄 수 있는 정보량인 3보다 크기 때문이다. 같은 이치로, 금화 2개가 있는데 그중 하나가 무겁거나 가벼운 가짜인 경우, 저울질 한 번으로 문제를 해결할 수 없다. 역시 경우의 수가 4이고 정보량은 3이기 때문이다. 직접 한번 시도하고

★★★ 인생의 수수께끼

정말 그런지 확인해 보기를 바란다. 정보량과 경우의 수를 세어보는 게 이렇게 문제 풀이에 유용하다.

그렇다면 정보량이 경우의 수보다 크면 항상 문제가 풀릴까? 꼭 그렇지는 않다. 양팔저울은 정보를 얻기 위해 양쪽에 같은 수의 금화를 올려야 하는 제약이 있어서 원하는 만큼의 정보를 얻지 못할 때도 있다. 예를 들어, 금화가 4개 있고 그중 하나가 무겁거나 가벼운 가짜일 때 저울질 두 번으로 문제를 해결할 수 있을까? 경우의 수는 8이고, 저울질 두 번이 주는 정보량은 9이니 가능해 보인다. 그런데 실은 그렇지 않다. 저울질 한 번으로 경우의 수를 3 이하로 줄여야 하는데 그게 불가능하다. 1번과 2번을 저울에 올렸다가 평형인 경우, 3번과 4번 중에 무겁거나 가벼운 가짜가 있으니 남은 경우의 수가 4이다. 위에서 저울질 한 번으로 해결할 수 없다고 했던 딱 그 상황이다. 그렇다고 저울에 금화 4개를 모두 올리면, 오른쪽으로 기울거나 왼쪽으로 기울 텐데, 그러면 역시 남는 경우의 수가 4가 된다. 그래서 역시 불가능하다. 정보를 얻는 수단인 양팔 저울의 속성 때문에 발생하는 문제이다.

정보량은 충분한데도 풀 수가 없다는 게 영 찜찜하다. 해결하는 방법이 정말 없는 것일까? 진짜인 금화 1개가 표준reference으로 주어지면 가능하다. 1번, 2번을 왼쪽에 올리고, 3번과 표준을 오른쪽에 올리면 문제가 해결된다. 위의 12개 금화 문제에서 처음 저울질의 결과가 C였을 때 이 방법을 썼었다. 8개의 진짜 금화가 밝혀져서 그중 하나를 표준으로 사용했기에, 남은 4개 중에 가짜를 찾을 수 있었다.

또 주어진 4개의 금화 중 어느 것이든 무게가 동일한 복제replica가 주어져도 가능하다. 예를 들어, 3번 금화의 복제가 있다면, 1번, 2번을 왼쪽에 올리고, 3번과 3번의 복제를 오른쪽에 올린다. 평형이면 4번이 가짜이고, 1~3번 중 하나를 사용해 무거운지 가벼운지만 찾으면 된다. 왼쪽이 무거우면, 1번 또는 2번이 무겁거나, 3번이 가벼운 것이어서 경우의 수가 3이 된다. 오른쪽이 무거우면 1번 또는 2번이 가볍거나, 3번이 무거운 것이어서 역시 경우의 수가 3이 된다. 그러니 해결할 수 있다.

마지막으로 금화를 같은 무게의 두 조각으로 쪼갤 수 있어도 가능하다. 1번의 반쪽과 2번의 반쪽을 왼쪽에 올리고, 3번을 오른쪽에 올리면 된다. 푸는 방법은 위의 복제를 쓰는 방법과 같다. 표준, 복제 또는 반쪽 금화의 역할은, 1번, 2번, 3번 3개의 금화만 저울에 달 수 있게 해주는 거다. 양쪽에 같은 수의 금화를 올려야 하는 제약이 있으니, 수를 맞추기 위해 표준이든 복제든 추가 금화를 쓰거나 반쪽 금화를 써야 한다. 그래서 이 문제를 4개의 금화 주머니 중에 무겁거나 가벼운 가짜 금화만 든

주머니가 하나 있는데 저울을 두 번 써서 찾는 문제로 바꾸기도 한다. 그러면 같은 주머니에 있는 금화를 앞의 복제 금화처럼 사용할 수 있어서 풀이가 가능하다. 이 글을 쓰기 위해 정말 오랜만에 이 저울 문제를 다시 풀고 원리를 생각해 봤는데, 여전히 재미있고 기발한 문제이다. 분명 같은 즐거움을 느끼시는 독자가 있으리라 믿는다.

스도쿠: 답이 있다면 찾을 수 있다

언젠가부터 전 세계적으로 유행하게 된 스도쿠도 중독성이 만만치 않은 퍼즐이다. 물론 스도쿠는 문제마다 난이도의 차이가 꽤 크다. 쉬운 건 정말 단순 노동이라고 할 정도여서 머리를 쓸 일도 없지만, 어려운 건 이게 정말 가능한가 싶을 정도이다. 이런 고난도 스도쿠 문제는 풀다 보면 딱 막히는 순간을 만나게 되는데, 실은 그때가 본게임 시작이다. 여기저기 살피고 또 살피며 확인하다가 마침내 딱 한 군데 풀 수 있는 곳을 찾아 한 칸을 채우고 나면, 나머지는 일사천리로 풀리기도 한다. 그 딱 한 군데 열쇠 역할을 하는 풀이를 찾았을 때의 짜릿함이 스도쿠의 진짜 재미이다. 그런데 그걸 찾으려면 포기하지 않고 버텨야 한다. 버틸 수 있는 이유는 단 하나이다. 스도쿠는 반드시 답이 있기 때문이다.

스도쿠가 아닌 어떤 다른 문제일지라도 답이 있다면 반드시 찾을 수 있다고 믿어야 한다. 이건 연구를 할 때도 마찬가지이다. 댄 브라운Dan Brown의 소설 《천사와 악마》에서 물리학자 비토리아 베트라 박사는 어려운 문제를 맞닥뜨렸을 때 스스로에게 "기억해 내"라고 말한다. 지금은 답을 모를지라도, 이미 답을 가지고 있으니 기억해 내기만 하면 된다고 스스로를 설득하는 거다. 이 대목을 읽으면서 깜짝 놀랐다. 댄 브라운은 연구를 해보기라도 한 걸까? 연구를 할 때, "분명 답은 있어, 그렇다면 내가 찾아낼 수 있어"라고 생각해야 그나마 답을 찾을 가능성이 생긴다. 이 사실을 소설가가 어떻게 알았을까 싶었다. 하여간 스도쿠를 풀 때 이걸 잊지 말아야 한다. 반드시 답이 있다.

이렇게 한참을 버텼는데도 풀이가 안 보이고 슬슬 지겨워지기 시작하면, 난 '가설검증'이라는 방법을 쓰기도 한다. 예를 들어, 한 칸에 들어갈 수 있는 수가 3 아니면 5인 경우에, 그 칸의 답이 3일 거라는 가설을 세우고 문제를 풀어보는 거다. 그러다가 다 풀려버리면 그 칸의 답이 3일 것이라는 가설이 맞는 거다. 하지만, 풀다가 논리적인 모순이 발생할 때가 있다. 예를 들어 어느 칸에 들어갈 수 있는 수가 하나도 없는 경우가 발생

★★★ 인생의 수수께끼

한다. 이건 그 가설이 틀렸다는 것이니, 그 칸의 답은 3이 아닌 5여야 한다. 그래서 그 칸에 5를 넣고 나머지를 풀면 금방 풀린다. 수학에서 사용되는 논증법인 귀류법proof by contradiction의 스도쿠 버전이다.

프로젝트 오일러Project Euler라는 웹사이트는 컴퓨터 프로그래밍을 공부하고 싶은 사람들을 위해 재미있는 코딩 문제를 모아놓은 곳이다. 마치 퍼즐 풀듯이 하나하나 풀다 보면 코딩 실력이 늘게 되는 알찬 문제들이 한가득이다. 거기에 스도쿠를 푸는 프로그램을 만드는 문제가 있었다. 역시 이 가설검증 방법을 바탕으로 프로그램을 짜서 쉽게 해결했던 적도 있다.

그런데 얼마 전 내게 심각한 도전이 들어왔다. 한창 스도쿠에 열심이던 재상이에게 내 가설검증을 통한 풀이법을 설명해 줬더니, 그건 '찍기guess'라는 거다. 그러면서 모든 스도쿠는 논리로 풀 수 있다고 주장했다. 내 가설검증 방법도 "어떤 가설을 가정했을 때 모순이 발생하면, 그 가설은 참이 아니다"라는 논리로 푸는 것이라 항변했지만, 재상이는 인정하지 않았다. 그러면서 내가 가설검증 방법을 써야 하는 상황에 봉착했을 때 그 문제를 가져오면 자기가 '찍지 않고' 푸는 법을 찾아 보여주겠다는 거다. 재상이가 태어나기도 전부터 스도쿠를 했는데, 심지어 스도쿠 푸는 프로그램을 만들기도 했는데, 이런 도전을

퍼즐: 어려울수록 더 재미있다

받다니….

그런데 결국은 내가 졌다. 아직도 내가 모르는 여러 가지 풀이법이 있었고, 재상이는 이미 그런 풀이법을 배워 진작에 나를 뛰어넘은 거다. 그때 재상이에게 배운 새로운 풀이법은 X 윙, Y윙, XYZ윙, 숨은 사각형hidden square 등의 방법이다. 더 높은 수준의 풀이법들도 여럿 있는데, 점점 복잡해지면서 결국은 내 가설검증 방법과 별로 다르지도 않게 된다. 어떻게 보면, 가설검증 방법이 적용되는 여러 상황을 패턴별로 분류해 놓은 것이 결국 그 고급 풀이법이다. 잘 분류해 놓아 패턴을 찾을 수 있으면 굳이 가설을 만들고 검증할 것 없이 공식처럼 풀 수 있는 것뿐이다.

도대체 패턴을 찾는다는 게 뭘까? 스도쿠를 풀어본 경험이 있는 독자라면 패턴을 찾아 푸는 방법을 이미 여럿 알고 있을 것이다. 간단한 예를 들어보겠다. '드러난 쌍naked pair'이라는 방법이 있다. 아래에 스도쿠의 박스 하나가 있다. 스도쿠에는 9개의 박스가 있고 한 박스에는 1에서 9까지의 숫자를 한 번씩 모두 사용해야 한다.

★★★ 인생의 수수께끼

8	**3**	2569
14567	1456	56
567	56	256

8과 3은 이미 밝혀졌지만, 나머지 7개 칸에 들어갈 숫자
는 아직 모른다. 그래도 주위의 다른 박스에 있는 숫자 덕분에
들어갈 수 없는 숫자를 제외할 수 있다. 주어진 정보를 다 이용
해서 각 칸에 들어갈 수 있는 후보 숫자를 작게 써두었다. 이렇
게 후보 숫자를 작게 써놓은 것을 펜슬마크pencil marks라고 하는
데, 스도쿠를 풀 때 흔히 사용하는 유용한 방법이다. 위의 그림
에서 펜슬마크를 살펴보면 5와 6만 들어있는 칸이 2개 있는데,
이런 경우 5와 6이 드러난 쌍이 된다. 이 두 칸에 들어갈 수 있
는 숫자는 5와 6뿐이기에 5와 6은 반드시 이 두 칸에 들어가
야 한다. 그러면 나머지 칸에는 5와 6이 들어갈 수 없으니 5와
6을 후보 숫자에서 지울 수 있다.

퍼즐: 어려울수록 더 재미있다

8	**3**	29
147	14	56
7	56	**2**

덕분에 2와 7이 풀렸다. 그러니 다른 칸에서 2와 7도 후보 숫자에서 지워야 한다.

8	**3**	**9**
14	14	56
7	56	**2**

그래서 결국 9까지 풀리고, 새로 1과 4가 드러난 쌍이 된다. 드러난 쌍은 박스 안뿐만 아니라, 행이나 열에서도 적용된다. 예를 들어, 앞에서 새로 찾은 1과 4의 드러난 쌍 때문에 이 쌍이 속한 행의 다른 칸에는 1과 4가 후보 숫자가 될 수 없다. 물론 이 경우는 꼭 드러난 쌍이 아니라 1 또는 4만 있어도 같

은 행의 다른 칸에서 1 또는 4는 더 이상 후보 숫자가 될 수 없기는 하다. 이 박스 안에서 1 또는 4가 갈 수 있는 행이 그 행 뿐이기 때문이다. 앞의 예에 나오는 드러난 쌍은 속한 칸이 가까이에 있어서 찾기가 쉽지만, 두 칸이 행이나 열에서 서로 멀리 떨어져 있는 경우에는 생각만큼 쉽지 않다. 특히 후보 숫자가 많이 적혀있는 초반에는 꼼꼼히 보지 않으면 놓치기 십상이다.

드러난 쌍과 유사한 '숨겨진 쌍hidden pair'이라는 방법도 살펴보자.

689	15	**2**
146	**7**	146
3	145	145 689

위의 그림을 보면 8과 9가 속한 칸은 2개뿐이라는 걸 찾을 수 있다. 다른 어느 칸에도 8과 9는 없다. 그렇다면 역시 8과 9는 이 두 칸에 들어가야만 한다. 그런데 그 두 칸에 다른 후보 숫자들도 들어 있어서 8과 9가 드러나 있지 않다. 그래서 이런

퍼즐: 어려울수록 더 재미있다

경우에 8과 9를 숨겨진 쌍이라고 한다. 결국 이 두 칸에는 8과 9가 들어가야 하기에 다른 후보 숫자들은 다 지울 수 있다. 그럼 위의 박스는 다음과 같이 정리된다.

89	15	**2**
146	**7**	146
3	145	89

이 2가지 방법이 어떻게 다른지 처음에는 상당히 혼란스럽다. 여러 번 이런 예를 찾아서 풀다 보면 익숙해지지만 말이다. 이 2가지가 쉽게 구별되지 않는 논리적인 이유가 있다. 드러난 쌍은 "두 칸에 5와 6만 있다면, 5와 6은 그 두 칸에만 있어야 한다"라는 참인 명제에 근거를 두고 있고, 숨겨진 쌍은 "5와 6이 두 칸에만 있다면, 두 칸에는 5와 6만 있어야 한다"라는 역시 참인 명제에 근거를 두고 있다. 그런데 이 두 명제는 서로 역의 관계이다. 역의 관계인 두 명제가 모두 참이니 익숙해질 때까지는 혼란스러울 수 있다.

위에서 다룬 두 명제는 2개의 숫자에 대한 명제였지만, 일반화가 가능하다. 즉, "세 칸에 1과 3과 7만 있다면, 1과 3와 7은 그 세 칸에만 있어야 한다"도 참이고, "1과 3와 7이 세 칸에만 있다면, 세 칸에는 1과 3과 7만 있어야 한다"도 참이다. 이 경우 1과 3과 7은 각각 '드러난 세 쌍naked triples'과 '숨겨진 세 쌍 hidden triples'이 된다. "세 칸에 1과 3과 7만 있다"라는 말은 다음의 왼쪽과 같이 칸마다 1과 3과 7이 모두 있어야 한다는 말은 아니다. 나머지 두 경우도 "세 칸에 1과 3과 7만 있는 경우"의 예가 된다.

137	137	137		137	137	17		13	37	17

물론 세 칸이 이렇게 붙어있을 필요도 없다. 같은 박스, 같은 열, 같은 행에 속해있다면 드러난 세 쌍이 된다. 여기서 하나를 더 추가해서 '드러난 네 쌍naked quads'과 '숨겨진 네 쌍 hidden quads'도 정의할 수 있다. 숨겨진 네 쌍은 드물기도 하지만, 있다고 해도 좀처럼 찾기가 쉽지 않다. 도움 없이 숨겨진 네 쌍을 찾을 수 있을 정도라면 충분히 스도쿠 고수라고 할 만하다. 이 책이 스도쿠 해설서도 아니고, 스도쿠 풀이의 예는 여기까지만 하겠다. 독자분들도 앞으로 스도쿠를 풀게 되면, 숨

어있는 이런 멋진 논리를 찾아 즐기실 수 있기를 바란다.

루빅스 큐브: 하나를 풀고 나면 열을 풀 수 있다

하진이가 어렸을 때 루빅스 큐브를 선물로 받았다. 일단 한 면 맞추는 걸 가르쳐주고 나니 더 이상 기억이 나질 않았다. 나도 하진이 나이쯤 되었을 때에 루빅스 큐브를 배웠으니 거의 30년 만에 큐브를 다시 잡은 거였다. 결국 설명서를 펼쳐놓고 하진이와 같이 다시 배웠다. 가장 흔하게 쓰는 LBLlayer-by-layer 방법으로, 큐브를 한 층씩 맞추어나가는 방식이다. 가르쳐주고 나니 곧 아빠보다 더 빨리 푼다. 재상이도 마찬가지였다. 수년 뒤 재상이가 큐브에 관심을 보이기에 가르쳐주었더니 역시나 곧 나를 따라잡는다. 아이들의 빠른 손놀림을 따라갈 재간이 없었다. 결국 관심을 잃을 때까지 한참 동안, 아이들은 아빠 이기는 즐거움을 마음껏 누렸다.

내 큐브 기록은 40초대 후반 정도이다. 나이도 나이지만, 이 LBL 방법으로는 그 정도가 한계이다. 큐브 푸는 법을 모르는 사람이 볼 때는 LBL 방법으로 푸는 것도 무척 신기해 보이지만, 실은 7개의 공식만 외우면 가능하다. 누구나 하루이틀이

나의 큐브 콜렉션. 모양은 다양하지만, 모두 같은 원리가 적용된다.

면 배울 수 있고, 조금만 연습하면 1분 이내에 풀 수 있다. 7개의 공식을 순서대로 적용해 나가는데, 한 단계의 공식을 두세 번 적용해야 다음 단계의 공식으로 넘어가는 경우가 흔하다. 그러니 효율성이 떨어지고 속도에 한계가 있다. 물론 더 빨리 푸는 방법을 배워볼까 하고 살펴보기는 했는데, 그러려면 알아야 할 공식의 수가 기하급수적으로 늘어난다. 패턴을 보고 수십 개 또는 수백 개의 공식 중에 최적인 공식을 적용해야 속도가 빨라진다. 이 많은 공식을 외우고 반복해서 속도를 높여야 한다. 공식의 숫자에 질려서 살펴보기만 하고 결국 시도도 하지 않았다. 최근 세계기록을 보면 저게 사람이 할 수 있는 일인

퍼즐: 어려울수록 더 재미있다

가 싶을 정도다. 2023년 6월 한국계 미국인 맥스 박Max Park이 3×3×3 큐브 세계신기록을 세웠는데 그 기록이 무려 3.13초이다. 아무리 좋은 공식을 쓰더라도 30번 이상은 돌려야 풀 텐데, 그럼 1초에 10번 이상 돌려야 한다는 거다.

대신 다양한 큐브를 모아 풀기 시작했다(이전 페이지 사진). 기본형은 3×3×3이지만, 리벤지revenge라고 불리는 4×4×4, 프로페서professor라고 불리는 5×5×5를 사서 푸는 법을 나름 연구했다. 두세 가지의 공식만 더 알면, 이 큰 큐브들도 어렵지 않게 풀 수 있다. 무엇보다 기본형을 풀 때 사용되는 공식의 원리를 이해하면, 그 공식을 다른 큐브에 적용하는 법을 깨닫게 된다. 게다가 리벤지도 프로페서도 어느 정도 풀어서 기본형과 같은 3×3×3 형태로 만들 수 있다. 일단 그렇게 만들고 나면 기본형을 풀듯 똑같이 푸는 것이 가능하다. 미니mini라고 해서 2×2×2인 큐브도 있는데, 그건 뭐 기본형을 푸는 공식의 일부만 써서 풀기 때문에 따로 풀이법을 찾을 필요도 없다. 정육면체인 일반 큐브와 달리 정사면체의 피라미드pyramid와 정십이면체인 메가밍스megaminx도 사서 풀어봤는데, 역시 기본형 큐브 푸는 공식의 원리를 이해하면 같은 공식을 응용해서 충분히 풀 수 있다.

큐브 조각들의 모양이 일정하지 않은 변형 큐브들도 여

★★★ 인생의 수수께끼

큐브를 어디서 어떻게 자르든, 모두 같은 공식으로 풀 수 있다. 큐브가 아니라 감자를 잘라도 마찬가지이다.

럿 모았다. 미러mirror라고 해서 여섯 면이 다 동일하게 거울과 같이 은색인 큐브가 있다. 대신 큐브 조각들의 크기가 서로 달라 크기를 보고 어느 면에 속한 조각인지 알아내야 한다. 미러까지는 그래도 모든 조각이 직사각형인데, 직사각형이 아닌 조각으로 이루어진 큐브들도 있다. 가장 극단적인 형태가 고스트

퍼즐: 어려울수록 더 재미있다

ghost인데, 이건 정말 조각들이 제멋대로이고 여섯 면의 색도 다 같다. 푸는 방법은 기본형과 같지만, 각 조각의 정체를 파악하는 데만 해도 한참 걸리는 고난도 퍼즐이다.

이렇게 다양한 변형 큐브를 풀다 보니 큐브가 만들어지는 일반적인 원리를 나름 깨닫게 되었다. 그 원리를 생각해 보면 사실 큐브가 꼭 큐브일 필요도 없다! 우선, 정육면체를 나누어 기본형 큐브를 만드는 방법을 생각해 보자. 정육면체를 균일한 크기의 조각으로 두부 자르듯 자르면 기본형 큐브가 되는데, 그렇게 자르는 평면이 모두 6개가 필요하다. 이 6개의 평면은 서로 평행한 평면의 쌍 3개로 구성되어 있고, 그 쌍들은 서로 모두 수직이다(이전 페이지 사진). 이 상태에서 평면들은 그대로 두고 정육면체의 위치를 이동시키면 미러 큐브가 만들어진다. 두부로 치면 자른 조각들의 면은 여전히 사각형이지만 크기가 달라진다. 또 기본형에서 정육면체를 회전하면 역시 또 다른 변형 큐브가 만들어진다.

같은 원리를 적용하면 어떤 입체든지 기본형에 대응되는 큐브로 만들 수 있다. 심지어 감자를 가지고도 큐브를 만들 수 있다! 이렇게 만든 변형 큐브는 기본형 큐브와 형태는 다를지라도 푸는 방법은 동일하다. 머릿속으로 큐브를 구성하고 있는 저 6개의 평면을 찾기만 하면 기본형 큐브로 환원시켜 풀 수 있다. 물론 처음에는 머리에 쥐가 날 것 같지만 하다 보면 역시 적응이 된다. 인간의 두뇌는 참으로 탁월한 적응력을 가지고 있다.

몰입에서 창의력으로

앞에서 몰입이 인간의 두뇌를 특화하고 사고의 효율성을 극대화한다는 말을 했다. 그런데 퍼즐이든 과학 문제든 몰입 만으로는 해결되지 않는 문제들이 종종 있다. 새로운 사고방 식이 필요한, 즉 창의력이 필요한 문제들이다. 몰입하고 있는 두뇌는 학습을 통해 강화된 풀이 방식에 특화되어 있어서, 기 존의 풀이 방식으로 풀리는 문제는 놀라울 정도로 빨리 해결 하지만, 기존과는 다른 새로운 풀이법을 찾는 데는 방해가 되 기도 한다.

그럴 때는 차라리 몰입에서 벗어난 상태에서 새로운 아이 디어를 찾을 가능성이 높다. 사고의 범위가 넓어지면서, 몰입 해 있는 동안에는 접근할 수 없었던 영역에서 문제 풀이의 열 쇠를 발견하는 것이다. 주위의 과학자 친구들을 봐도, 자신이 풀려고 애쓰는 문제와 상관없는 논문을 읽거나 전혀 다른 분야의 연구 발표를 듣다가 생각지도 못했던 새로운 아이디어를 얻은 경험을 이야기할 때가 많다. 심지어 샤워하다가, 운전하고 가다가, 자려고 누워있다가 그동안 도저히 풀지 못했던 문제의 실마리를 찾았다는 이야기도 듣는다.

과학사에도 이런 예가 너무도 많다. 아르키메데스는 목욕탕 물에 몸을 담그면서 욕조 밖으로 흘러 넘치는 물을 보고 금관의 밀도를 측정하는 새로운 방법을 깨닫고 유레카εᵒρηκα를 외치며 뛰어나갔다고 한다. 뉴턴은 떨어지는 사과를 보고 만유인력의 법칙을 깨달았고, 케쿨레는 난롯가에서 잠깐 조는 사이에 꾼 꿈에서 뱀이 자기 꼬리를 물고 도는 모습을 보고 벤젠의 육각형 구조를 깨달았다.

그런데 과연 이 과학자들이 몰입의 과정 없이 이런 깨달음을 얻을 수 있었을까? 난 그들이 자신들이 맞닥뜨린 난제를 풀기 위해 몰입하는 과정을 수도 없이 반복했기에 이런 영감을 얻을 수 있었으리라 생각한다. 몰입을 통해 훈련된 두뇌는, 몰입에서 벗어난 뒤에도 일종의 자동운항 모드처럼 의식의 배경에서 문제에 대한 프로세스를 계속한다. 그러다가 새롭게 발견한 어떤 정보나 현상이 그 문제와 연결되면서, 몰입해 있는 동안에는 생각하지 못했던 창의적인 풀이법을 찾게 되는 게 아닌가 싶다. 그러니 문제 풀이를 위해 그만큼 매달리지 않았다면,

아무리 샤워하고 운전하고 잠든다고 해서 영감을 얻지는 못할 것이다.

영감이 필요한가? 일단은 즐기면서 몰입해 풀어봐야 한다. 퍼즐을 풀든 과학 문제를 풀든 생각할 수 있는 모든 풀이를 시도해 보고 우리의 사고가 문제 풀이에 최적화되도록 만들어야 한다. 그래도 안 풀리면 책상에서 일어나 몰입하는 동안에는 사용하지 않았던 뇌의 다른 영역을 활성화해야 한다. 수다도 떨고, 산책도 하고, 창밖을 보며 멍 때리기도 하고, 뭐가 되었든 뇌가 새로운 자극을 경험하게 해주어야 한다. 그렇다고 반드시 영감이 생긴다는 보장은 없지만, 안 풀리는 문제를 마냥 붙잡고 있는 것보다는 가능성이 더 있다고 본다. 이렇게 경험을 다양화하는 게 창의력에 중요한 자양분이 된다. 그저 개인적인 경험일 수도 있겠지만, 퍼즐을 풀면서, 연구를 하면서 찾은 내 나름의 창의력 발휘 비법이다.

7장

인체

37조 개의 세포가 만드는 네트워크

　2005년 1월, 내가 현재 근무하는 퍼듀대학교 약학대학으로 교수 인터뷰를 하러 왔다. 내가 지원한 곳은 약학대학에 속한 의약화학 및 분자약리학과Department of Medicinal Chemistry and Molecular Pharmacology라는 긴 이름을 가진 학과로, 신약을 합성하는 것부터 항암제의 작용 메커니즘을 규명하는 것까지 약에 관한 온갖 다양한 연구를 하는 학과였다. 그런데 그때까지만 해도 내 학력이나 연구 경험은 약과는 아무런 상관이 없었다. 학부는 화학을 했고, 석사와 박사는 생화학을, 그리고 당시에는 캘리포니아대학교 버클리캠퍼스University of California, Berkeley에서 박사후연구원으로 단백질 분자의 구조에 대한 생물리학 연구를 하고 있었다. 물론 내가 지원했고, 학과에서 지원서를 검토한 후 인터뷰 초청을 해서 방문한 것이긴 했지만, 나같이 약을 하나도 모르는 사람도 과연 자격이 있을지 염려스럽기도 했다.

인터뷰는 2박 3일에 걸쳐 이루어졌다. 30분씩 번갈아가면서 학과의 교수들을 거의 다 만나보고, 학과의 대학원생들도 만나보고, 아침, 점심, 저녁 식사도 여러 교수들과 같이 했다. 인터뷰의 하이라이트는 학과 전체를 대상으로 그동안 내가 해온 연구에 대해서 1시간 정도 강의를 하는 연구 세미나와, 학과 교수진만을 대상으로 내가 앞으로 하고 싶은 연구에 대해 이야기하고 토론하는 연구 계획 발표이다. 이 연구 계획 발표는 상당히 살 떨리는 자리이다. 20명이 넘는 교수가 들어오는데, 교수진의 연구 분야가 다양하다 보니 전문성이 화학, 생물학, 약학의 모든 분야를 총망라한다. 그래서 조금이라도 말이 안 되는 이야기를 하면 분명 그중 누군가는 알아채고 지적한다. 내 연구 계획은 약이 세포 내에서 어떤 단백질과 결합해 작용하는지를 밝혀내는 새로운 실험 방법을 개발하겠다는 내용이었는데, 다행히 다들 호의적이어서 분위기가 나쁘지 않았다.

연구 계획 발표가 거의 끝나갈 무렵 한 교수가 손을 들고 질문했다.

"그 연구가 성공한다면, 그 방법으로 어떤 약의 메커니즘을 연구할 계획인가요?"

나는 아주 당당하게 답했다.

"저는 약에 대해서 아는 바가 하나도 없습니다. 그래서 이

인체: 37조 개의 세포가 만드는 네트워크

과의 교수님들과 같은 약의 전문가들의 도움이 꼭 필요합니다. 제가 이 새로운 방법을 개발하는 데 여기보다 최적의 장소는 없습니다."

다행히도 다들 하하 웃고 넘어갔다. 결국 조교수로 임용되었고, 그해 가을 이 학과에서 교수 생활을 시작했다. 어느 날 한 동료 교수와 이야기를 나누게 되었는데, 자기가 그동안 약대에 있으면서 많은 교수 후보를 인터뷰했는데 "약에 대해서 아는 게 하나도 없다"라는 답은 자기가 들은 것 중 가장 황당한 답변이었다고 했다. 약에 대해서 아는 게 하나도 없다고 말하는 사람은 네가 처음이었어, 그런데도 우리가 너를 뽑았네 하면서 껄껄 웃었다.

최고의 학습 방법은 가르치는 것

약대 교수가 되었으니 약대 학생들을 가르쳐야 한다. 물론 내가 전공한 화학이나 생화학이 기초가 되기는 하지만, 약의 화학적 특성, 약의 생화학적 작용을 가르쳐야 하니 약도 알아야 했다. 약이 워낙 많기에 한 사람이 전부 가르치는 건 말도 안 되고, 교수마다 분야를 나누어 가르치는데 그 분야만 해도 수십 가지가 된다. 언젠가부터 난 스테로이드 담당이 되었고, 벌써 10년 넘게 스테로이드를 가르치고 있다. 처음에는 1시간 수업을 준비하는 데 10시간이 넘게 걸렸다. 공부해서 시험 볼 학생들은 정말 모르겠는 건 대충 넘어가면서 공부해도 되지만, 가르쳐야 하는 교수는 그럴 수 없다. 모르면 알 때까지 공부해야만 했다.

우선은 구할 수 있는 교과서를 다 구해서 내가 가르칠 내용을 찾아 꼼꼼히 읽고 정리한다. 그리고 강의에서 가르칠 약에 대해서 하나하나 찾아 공부한다. 보통 강의 1시간에 다루는 약이 많게는 수십 개여서, 그 약을 하나하나 다 공부하는 데 상당한 시간이 들었다. 그래도 화학과 생화학을 기반으로 하니 이해하지 못할 내용은 별로 없었다. 공부하다 정 막히는 내용이 나오면 언제든 학과의 다른 교수님들을 찾아가 묻는다. 말 그대로 약에 대한 다양한 전문가가 총망라된 학과라서 어떤 질문이든 답을 아는 교수님을 쉽게 찾을 수 있다. 거 봐, 이 과에 있으니까 내가 약 공부 이렇게 잘할 수 있잖아 하면서 보란듯이 묻고 다녔다.

뭐든지 마찬가지겠지만, 공부하면서 감이 잡히기 시작하면 속도가 붙는다. '하나를 가르치면 열을 안다'는 말이 있는데, 혼자 공부할 때도 적용 가능한 말이라고 본다. 기본을 잘 이해하고 나면 그 기본이 적용되는 케이스는 열이 아니라 백이라도 이해할 수 있게 된다. 약도 마찬가지이다. 약 하나를 잘 이해하고 나면 유사한 약들은 빠르게 파악할 수 있다. 약은 어쨌든 화학물질이라서 화학구조가 바뀔 때마다 약의 특성이 바뀌는데, 결국은 화학으로 그 이유를 설명할 수 있다.

이렇게 약의 구조와 약의 특성이 어떤 관련이 있는지를 연구하는 학문이 의약화학medicinal chemistry이고, 바로 이 의약화학이 우리 학과의 긴 이름 중 반을 차지한다. 신약을 개발할 때는 약의 특성, 예를 들어 물에 얼마나 잘 녹는지, 몸에서 흡수가 잘되는지, 대사 속도가 적당한지 등을 살펴보고 원하는 방향으로 조절해 줘야 한다. 이럴 때 의약화학의 원리를 적용하면 약의 구조를 어떻게 바꿔야 원하는 변화를 얻을 수 있을지 예측이 가능하다. 같은 원리가 약을 공부할 때도 적용된다. 왜 비슷한 두 약의 화학적 특성이 다른지 구조의 차이로 설명할 수 있다. 그럼 구조가 유사한 약들을 한꺼번에 공부하고 이해할 수 있다. 약 하나를 알면 약 10개를 알게 되는 거다. 당연히 학생들에게 가르칠 때도 원리를 같이 가르친다. 원리를 터득해 공부에 속도가 붙기 시작하면 짜릿짜릿하다.

이렇게 준비해 놓은 강의를 다음 해에 다시 가르치면, 강의 1시간당 1~2시간 정도만 더 시간을 투자하면 된다. 1년 만에 다시 보는 내용이라 잊은 게 있는지 복습하고, 혹시 새로운 약이나 새로운 발견이 있는지 확인한 뒤에 필요한 부분만 수정한다. 이 과정을 몇 년 반복하면, 누가 봐도 그 분야의 전문가로 손색이 없을 정도가 된다. 그러기를 10년 넘게 했다. 알고 보니 남을 가르치는 것이야말로 가장 좋은 학습 방법이었다. 솔직히 말해서 내가 학생 때 이 내용들을 배웠더라면 이만큼 알 수 있었을까 싶다. 아마도 반은 이해하고 반은 잊어버리느라 공부에 속도가 나지 않아 재미를 붙이지 못했을지도 모른다.

이렇게 공부해 가면서 가르치는 게 학생들에게도 많은 도움이 된다는 의외의 사실을 알게 되었다. 언젠가 박사학위 때 공부했던 효소enzyme에 대해서 가르칠 기회가 있었는데, 놀랍게도 학생들이 내 효소 강의보다 스테로이드 강의를 더 좋아하는 거다. 효소는 논문도 많이 발표한 내 전문 분야이고, 스테로이드는 나도 책 보고 공부해서 가르치는 내용인데 말이다.

알고 보니, 내 전문 분야를 가르칠 때는 학생들의 눈높이를 제대로 파악하지 못하고 있었다. 나에게는 너무도 당연해서 설명이 필요 없다고 생각한 내용이 학생들에게는 전혀 당연하지 않을 수 있었다. 나도 학생들과 같이 공부해서 가르칠 때는 처음 배우는 학생들에게 어떤 어려움이 있을지 같이 느끼고 학생들의 눈높이에 최대한 맞출 수 있었나 보다. 신기하게도, 무언가를 공부하는 가장 좋은 방법이 남을 가르치는 것이기도 하고, 남을 가르치는 가장 좋은 방법이 그들과 함께 공부하는 것이기도 했다.

이렇게 공부하며 가르치고 또 배우다 보니, 강의 잘한다는 소리가 들리기 시작했다. 매년 약대 학생들의 추천으로 선발되는 올해의 명강의상Teacher of the Year Award을 두 번 받았다. 2015년에는 약학전문대학원과정Doctor of Pharmacy의 상을 받았고, 2023년에는 제약학부과정BS in Pharmaceutical Sciences의 상을 받았는데, 약대의 교수진 100여 명 중에 2개 부문에서 모두 수상한 교수는 현재까지는 내가 유일하다. 약을 하나도 모른 채로 약대 교수가 되었던 걸 생각하면 그저 감사할 뿐이다.

콜라겐 없는 뼈는 철근 빠진 콘크리트

약을 가르치다 보면 그 약이 쓰이는 질병에 대해서도 같이 공부하게 된다. 물론 나와 같은 화학자나 생화학자는 임상에 대해서 가르치지는 않는다. 약대에는 임상을 가르치는 전문가가 따로 있다. 실제 병원에서 환자를 보는 임상약사인 교수들이다. 하지만 그래도 임상에 대해서 전혀 모를 수는 없어서 약이 적용되는 질병과 약을 이용한 치료 방법을 기회가 될 때마다 계속 공부한다. 역시 공부하다 모르는 부분이 나오면 임상약사인 동료 교수들에게 질문한다. 물론 그 임상약사 교수들도 화학이나 생화학에 관해서 모르는 부분이 있으면 우리에게 질문하는, 상부상조하는 관계가 형성된다.

특히 나의 경우에는 스테로이드 약을 전공하는 임상약사 교수와 강의도 같이 하면서 오랫동안 협력 관계를 유지하고 있다. 그리고 현직 약사인 아내의 도움도 많이 받는다. 지금까지 만들어진 그 많은 약을 다 가르칠 수는 없어서 그중에 실제로 자주 처방이 되는 약을 골라서 가르치는데, 그러기에 현직 약사만큼 도움이 되는 사람이 없다.

이렇게 임상은 잘 모르니, 혹시나 강의에 도움이 될까 해서 의학 드라마를 찾아보기 시작했다. 이런저런 의학 드라마를 시도해 봤는데 〈하우스〉만 한 드라마가 없었다. 매 편 진단하기 까다로운 질병에 걸린 환자가 나오고, 별난 의사 하우스는 퍼즐 풀듯이 진단을 해내 환자를 치료한다. 의학드라마인데 진단을 해내는 과정이 거의 추리소설급이다. 게다가 약과 질병에 대해서 조금씩 배워가는 중이어서 아는 약이나 아는 질병이 나오면 무척이나 반가웠다. 모르는 약, 모르는 질병이 나오면 받아 적고 꼭 찾아봤다. 시즌 1부터 8까지 중요한 약이나 질병은 여러 번 나온다. 즉, 반복 학습에 의한 강화 효과를 볼 수 있다. 물론 드라마이기에 절대 교과서를 대신할 수는 없다. 무엇보다 질병의 진행 과정이나 치료 효과가 비현실적으로 과장된 경우가 많다. 그래서 찾아보고 확인하는 과정이 꼭 필요했다.

드라마뿐만 아니라 영화에도 특정 질병을 가진 등장인물이 종종 등장한다. 당연히 적어두고 찾아본다. 강의를 하다가 관련된 질병이 나오면 영화를 예로 들기도 한다. 학생들의 관심을 유도하기에 참 좋은 방법이다. 수업에서 배우는 내용이 자신이 본 영화에 나왔던 질병이라면 한 번 듣고도 머릿속에 쏙 들어간다. 브루스 윌리스와 새뮤얼 잭슨이 주연을 맡은 M. 나이트 시아말란M. Night Shyamalan 감독의 〈언브레이커블〉이라는 작품이 있다. 이 영화에서 새뮤얼 잭슨은 뼈가 쉽게 깨지는 유전병이 있어 미스터 글라스Mr. Glass라는 별명을 가지고 있다. 이 유전병은 골형성부전증osteogenesis imperfecta이라는, 실제로 있는 질병이다.

우리 몸의 뼈가 단단한 이유가 뼈를 이루는 무기질인 인산칼슘calcium phosphate 때문이라고 생각하기 쉬운데, 실은 콜라겐collagen이라는 섬유 형태의 단백질이 뼈 안에 촘촘히 박혀있기 때문이다. 즉, 콜라겐이 철근, 인산칼슘이 시멘트가 되어 만든 콘크리트 구조물이 바로 뼈이다. 만약에 건물을 짓는데, 철근을 빼고 짓는다면? 콘크리트가 건물의 무게를 견디지 못하고 부서지고 말 것이다. 뼈도 마찬가지이다. 콜라겐이 촘촘히 박혀있지 않는다면, 뼈는 마치 분필처럼 쉽게 부러진다.

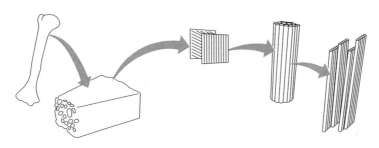

뼈는 그저 인산칼슘 덩어리가 아니라 계층적 구조를 가지고 구성된 복잡한 구조물이다. .

　　사골을 여러 번 오래 우리고 나서 뼈가 쉽게 부서지는 걸 본 적이 있을 것이다. 우리면서 뼛속에 있는 콜라겐이 다 빠져나와 그렇게 된다. 골형성부전증도 이와 마찬가지이다. 이 질병을 앓는 환자는 콜라겐의 설계도에 해당하는 유전자에 변이가 있어서 콜라겐이 정상적으로 만들어지지 않는다. 그래서 뼛속에 콜라겐이 제대로 형성되지 않고, 철근 빠진 콘크리트 같이 뼈가 형성된다. 이렇게 만들어진 뼈는 작은 충격에도 쉽게 깨진다. 그래서 영화 속 새뮤얼 잭슨은 그냥 걷다가 넘어지기만 해도 뼈가 바스러진다. 강의 중에 우리 몸의 구조를 형성하는 데 콜라겐이 얼마나 중요한 역할을 하는지 설명하며 이 영화를 예로 든다.

여자와 남자는 단 한 가지 화학반응의 속도 차이

휴 잭맨 주연의 〈위대한 쇼맨〉에서는 서커스의 단원으로 수염이 난 여자가 등장한다. 드물기 때문에 서커스의 일원이 되었겠지만, 실제로 이런 환자들이 있다. 조모증hirsutism이라는 증상인데, 여성에게 남성 호르몬인 테스토스테론testosterone의 농도가 비정상적으로 높은 경우 마치 남자처럼 수염이 날 수도 있다. 그래서 조모증이 있는 환자들에게는 테스토스테론의 작용을 억제하는 약을 사용한다.

여자 몸에 무슨 남성 호르몬이 있나 싶겠지만, 사람 몸에서 만들어지는 남성 호르몬과 여성 호르몬은 정말 한 끗 차이다. 무슨 말인가 하면, 화학반응 한 번이면 남성 호르몬인 테스토스테론으로부터 여성 호르몬인 에스트라디올17β-estradiol이 만들어진다(다음 페이지 도표). 일상적으로 여성 호르몬을 에스트로겐이라고 부르는데, 에스트로겐은 여성 호르몬 작용을 하는 물질의 총칭이다. 에스트라디올은 인체 내에서 가장 중요한 역할을 하는 에스트로겐이다. 그리고 이 화학반응은 여자뿐 아니라 남자 몸에서도 일어난다. 즉, 여자 몸에서도 여성 호르몬을 만들기 위해 남성 호르몬을 먼저 만들어야 하고, 남자의 몸에서도 남성 호르몬의 일부가 여성 호르몬으로 바뀐다.

테스토스테론
(testosterone)

방향화효소
(aromatase)

에스트라디올
(17β-estradiol)

남자와 여자의 차이는 남성 호르몬을 얼마나 잘 여성 호르몬으로 전환시키는가에 달려있다. 남자는 그 반응이 느려서 남성 호르몬이 여성 호르몬보다 많고, 여자는 그 반응이 빨라서 여성 호르몬이 남성 호르몬보다 많은 것뿐이다. 염색체가 다르고 어쩌고 해도 결국에는 단지 화학반응 하나의 속도 차이로 남자와 여자가 결정된다니 정말 놀랍다. 이 테스토스테론과 에스트라디올 같은 성 호르몬이 다 스테로이드이다. 그래서 스테로이드 강의에서 테스토스테론의 작용과 조모증을 다루면, 〈위대한 쇼맨〉을 본 사람이 있는지 묻고 영화 이야기를 한다. 그럼

인체: 37조 개의 세포가 만드는 네트워크

졸던 학생도 눈을 번쩍 뜬다.

이렇게 20년 가까이 강의하다 보니 내 강의 노트에는 영화, 드라마, 요리, 역사, 전설 등 온갖 다양한 주제의 이야기가 쌓이게 되었다. 예전에 어느 교수님이 학생들이 화학을 어려워하는 이유가 눈에 보이지 않아서라는 어찌 보면 당연하면서도 또 생각해 볼 만한 말씀을 해주신 적이 있었다. 이렇듯 눈에 보이지 않는 세포 내에서 일어나는 분자들과 약의 상호작용을 가르쳐야 하는데, 이걸 어떻게 눈에 보이듯 경험하게 해줄 수 있을까? 내가 수집한 이야기들이 그나마 분자들의 세계에서 일어나는 현상을 우리가 겪는 일상과 연결시켜 마치 눈에 보이는 듯, 손에 잡히는 듯 경험하게 해주는 장치가 아닐까 싶다.

내가 여름마다 새로운 공부를 하는 이유

어느 해 여름이었다. 미국은 새 학년이 가을에 시작하기에 여름방학은 그다음 학년에 가르칠 강의를 준비하기에 딱 좋은 시간이다. 그해 가을부터 갑상선 호르몬에 대해서도 강의를 하게 되어서 책을 펴고 공부를 하는데, 이 갑상선 호르몬이 심장 박동에도 영향을 준다는 거다. 그런데 그걸 이해하려고 보니,

심장 박동이 어떻게 만들어지는지를 모르겠다. 심장에 있는 근세포 중에 심박조율기세포cardiac pacemaker cells가 있는데, 이 세포들은 일정한 시간 간격을 두고 자발적으로 박동을 일으킨다. 그런데 어떻게 혼자서 박동을 일으키는 게 가능한지 아무리 들여다봐도 잘 이해가 되지 않았다.

같은 층에 있는 심장세포 전문가인 동료 교수를 찾아가 물었다. 그랬더니 아주 신나 하면서 종이를 꺼내 세포막을 그리기 시작하더니, 세포막전위membrane potential와 세포막에 존재하는 몇 개의 이온채널에 대해 이야기해 주고, 이온채널들이 어떻게 심박조율기세포의 세포막전위에 변화를 일으키고 박동이 생기는지 설명해 주었다. 더 나가서 어떻게 호르몬이 심장 박동을 증가시키고, 또 어떻게 미주신경vagus nerve이 심장 박동을 감소시키는지까지 완벽하게 이야기해 줬다. 단지 몇 개의 이온채널로 이 모든 과정이 만들어지고 조절된다는 경이로움에 그저 감탄하며 설명을 들었는데, 그 30분 남짓한 시간이 내가 평생 들은 강의 중 가장 재미있었던 강의가 아니었을까 싶을 정도였다.

이온채널은 세포막에 존재하는 단백질 분자이다. 세포막은 마치 기름과 같은 지용성 층을 가지고 있어서 전하를 가진 이온은 지나갈 수 없다. 나트륨 이온과 염소 이온으로 구성된 소금이 물에 잘 녹지만 기름에는 녹지 않는 것과 같은 원리이다. 그래서 세포막은 이런 이온들에게는 장벽이나 마찬가지의 역할을 한다. 하지만 세포가 대사를 하다 보면 이런 이온들을 세포 안으로 들여오거나 세포 밖으로 내보낼 필요가 생긴다. 이때 이런 이온들이 다닐 수 있는 통로 역할을 하는 분자가 바로 이온채널들이다. 필요에 따라서 이온채널들이 닫히기도 열리기도 하면서 이온의 움직임을 조절한다. 사람의 세포에는 이와 같은 이온채널이 무려 300여 종이 있다. 그만큼 세포의 작용에 다양한 역할을 수행하고 있기 때문일 것이다. 그리고 중요한 이온채널 하나라도 그 기능을 하지 않게 되면 우리 몸에는 이상이 생길 수 있다. 자연 장에서 이야기했던 복어의 독, 테트로도톡신도 이온채널 중 하나인 나트륨 채널을 막아 사람을 죽음에 이르게 할 수 있는 것이다.

내가 그때까지 이온채널을 전혀 모르고 있었던 것은 아니었다. 이온채널의 구조적 안정성에 대한 논문도 몇 편을 발표했다. 그런데 이 다양한 이온채널들이 실제로 어떤 역할을 하는지는 사실 거의 모르고 있었다. 그날 심장의 박동을 일으키는 이온채널을 배우고 나서, 동료 교수에게 이온채널에 대한 책을 추천해 달라고 했다. 그랬더니 신경생물학Neurobiology 교과서를 한 권 빌려줬다.

신경세포neuron에서는 이온채널의 역할이 특히 중요하다. 신경세포가 흥분하면 전기신호가 만들어져 또 다른 신경세포에게 전달되는데, 이 모든 과정이 이온채널을 통해 이루어진다. 이러한 신경세포 860억 개가 모여서 우리의 두뇌를 구성하고 서로 신호를 주고받으면서 감각을 수용하고 운동을 조절하고 사고를 일으킨다. 이 모든 현상에 대한 학문이 바로 신경생물학이다.

그해 여름 저녁마다 신경생물학 교과서를 읽었다. 이온채널에 대해서 배우고, 신경세포에 대해서 배우고, 뇌에 대해서 배웠다. 우리 학과에 신경약리학을 전공하는 교수들이 여럿 있어서 매주 있는 학과 세미나에 다른 학교의 신경생물학자들이 방문해 연구 발표하는 경우가 종종 있다. 신경생물학을 공부하며 보낸 여름이 지나고 나니, 그 전에는 들어도 바로 반대편 귀로 흘러나가던 신경생물학 세미나가 들리기 시작한다. 심지어 손 들고 질문도 한다.

그 뒤로는 여름방학이 되면 지금까지 한 번도 공부해 보지 않은 분야를 하나씩 골라 공부하기로 했다. 한 해는 병리학 교과서를 펼쳐서 내가 강의하는 내용과 관련된 질병들을 찾아 읽었다. 그다음 해는 온라인 강의 사이트인 코세라Coursera에서 기계학습과 인공지능 과목을 수강했다. 매주 코딩 숙제를 하느라 몇 년간 손대지 않았던 프로그래밍을 다시 해야 했지만 인공지능이 어떻게 작동하는지 손수 체험할 수 있어 무척이나 유익했다. 다음 해에는 역시 온라인으로 진단방사선학 과목을 들었다. 흉부부터 시작해서 복부, 골반, 사지, 머리와 척추까지 CT와 MRI 영상을 분석하는 법을 배웠다. 해부학을 한 번도 공부한 적이 없어서 시간이 2배로 걸렸지만, 덕분에 사람 몸에 있는 뼈와 근육, 주요 혈관의 구조와 명칭을 한번 쭉 훑어볼 수 있었다.

의사인 동생이 "도대체 왜?"라는 질문을 던졌지만 "그냥 재미로"라고만 답했다. 아무 이유 없이 이탈리아어도 공부했는데, 진단방사선학이 뭐가 대수라고. 올해는 잠시 과학에서 벗어나 그리스 로마 신화를 수강하고 있다. 그리스어를 조금이나마 읽을 수 있어서일까? 고대 그리스 사회가 무척이나 가깝게 느껴진다. 인간의 몸은 아니지만 인간의 사고에 대해 많은 생각을 던져주는 인문학 강의를 제법 즐겁게 듣고 있다. 내년 여름에 무슨 과목을 수강할지에 대해서는 아무 계획이 없다. 아마도 그때 가봐야 알게 될 것 같다.

백신이 위험하다고 믿는 사람과 대화를 나누는 법

2020년 코로나19가 전 세계를 강타하자 각국의 보건당국과 제약회사들은 신속하게 백신 개발에 착수했다. 기존의 백신과 같은 단백질 백신이나 죽은 바이러스 백신을 개발하려면 아무리 못해도 1년 반에서 2년은 걸리지 않을까 싶었는데, 세상에나 1년도 되지 않아 mRNA 백신이라는 신문물이 등장했다.

2020년 12월, 미국 식품의약국Food and Drug Administration, FDA이 화이자와 바이오엔텍BioNTech이 공동개발한 mRNA 백신과 모더나가 개발한 mRNA 백신에 긴급사용허가를 내주었다. DNA나 RNA와 같은 핵산을 백신으로 개발한다는 이야기는 들었지만, 어떻게 작용하는 건지 나도 전혀 아는 바가 없었다. 그래서 여기저기 찾아보면서 mRNA 백신에 대해서 공부했다. 백신 전문가는 아니지만, 생화학의 기초만 알아도 쉽게 이해할 수 있는 내용이다.

그런데 이 새로운 형태의 백신에 대한 기대와 함께 염려도 동시에 퍼지기 시작했다. 모르면 두려운 것이 인간의 기본 심리이다. 그럴 땐 그저 정확한 정보를 전달하고 조금이라도 그 두려움이 수그러들기 바랄 수밖에 없는 일이다. 그래서 트위터에 mRNA 백신의 원리에 대해서 긴 타래를 올렸다. 그 내용을 약간의 편집과 함께 옮겨보겠다.

코로나바이러스 사진을 보면, 겉에 돌기처럼 튀어나온 부분들이 있다. 그래서 바이러스 표면의 모습이 왕관 같다고 코로나corona라는 이름이 붙었다. 우리 몸이 이 바이러스를 죽이려면 항체든 면역세포든 그 돌기 부분과 결합해야 하는데, 한 번도 본 적이 없는 바이러스는 뭔지 몰라서 결합도 못한다. 백신은 우리 몸의 면역 시스템이 이 돌기 부분을 한 번 경험하게 해주는 거다. 그래야 실제 바이러스가 들어왔을 때 바로 알아보고 결합해서 제거하기 때문에 감염되지 않는다.

그러면 백신을 어떻게 만들까? 우리 몸이 이 돌기 부분을 경험하게 해주는 데는 다양한 방법이 있다. 고전적인 방법은 죽은 바이러스를 넣어주는 거다. 그러면 병에 걸리지는 않고, 바이러스에 대한 면역이 발생한다. 유전공학이 발전한 뒤로는 바이러스를 통째로 쓰지 않고, 외부에 노출된 돌기 부분만 만들어 백신으로 쓰기도 한다. 돌기는 사실 단백질이기에, 바이러스의 게놈에서 돌기를 만드는 유전정보가 들어있는 유전자를 찾으면 유전공학적으로 그 단백질만 만들어 백신으로 쓸 수 있다.

그런데 최근에 mRNA 백신이 새롭게 등장했다. 우리 몸의 세포가 필요한 단백질을 만들 때, 게놈 안에 DNA로 되어 있는 유전자의 정보를 복사해서 RNA를 먼저 만든다. 그런 다음 이 RNA의 정보를 이용해 단백질을 만드는데, 이 설계도에 해당하는 RNA를 전령 RNA messenger RNA, mRNA라고 한다. 그런데 헝가리계 미국인 과학자인 카리코 카탈린Karikó Katalin 박사가 mRNA를 세포 내에 주입해서 세포가 스스로 그 유전정보에 해당되는 단백질을 만들게 하는 방법을 연구해 내어, mRNA를 백신으로 쓸 수 있는 길을 열였다. 즉, 바이러스의 돌기 부분에 해당하는 mRNA를 우리 몸의 세포에 넣어주면, 세포 내의 단백질 합성 장치가 그 돌기에 해당하는 단백질을 만들고, 우리 몸에는 그 돌기를 가진 바이러스에 대한 면역이 생겨나는 것이다. (이런 아이디어를 아무도 믿어주지 않아 오랫동안 비주류로 힘겹게 연구를 해왔던 카리코 카탈린 박사는 결국 이 공로로 2023년 노벨 생리의학상을 수상하게 된다.)

물론 mRNA는 몸에 들어가면 금방 분해될뿐더러 세포 내로 잘 들어가지도 않는다. 그래서 mRNA를 세포 안에 보내기 위한 특별한 포장이 필요하다. 모더나와 화이자 백신은 지질나노입자lipid nanoparticle 형태로 포장했다. 이름이 거창

인체: 37조 개의 세포가 만드는 네트워크

하긴 한데 실은 예전부터 화장품에도 쓰던 리포솜liposome의 발전된 형태이다.

이렇게 mRNA가 우리 몸의 세포 안에 들어가서 돌기 부분에 해당하는 단백질이 만들어지면, 우리 세포는 그걸 다 쪼개서 세포 표면에 전시한다. 내 안에 이런 이상한 단백질이 들어왔다고 주위의 면역세포들에 알리는 거다. 이는 바이러스에 감염된 세포들이 수행하는 정상적인 방어 작용이다. mRNA 백신이라고 특별한 게 아니고, 코로나바이러스에 감염되어도 똑같은 일이 일어난다. 그러면 면역 세포들이 몰려와서 전시된 단백질의 잔해를 보고 면역반응을 개시한다. 즉 그 단백질에 대한 면역이 발생하는 것이다. 물론 이 과정에서 미열이나 근육통 등 가벼운 반응이 나올 수 있지만 극히 정상적인 면역반응이다.

그런데 왜 단백질을 안 쓰고 mRNA를 써서 백신을 만들었을까? 단백질 백신은 디자인하고 만들고 테스트하는 데 시간이 오래 걸린다. 하지만, mRNA 백신은 그 과정이 아주 단순해서 단백질 백신에 비해서 훨씬 빨리 개발되고 빨리 테스트되었다. 해야 할 테스트를 안 한 게 절대 아니다. 모더나에서 코로나19 바이러스의 게놈 정보를 받고서 단 이틀 만에 mRNA 백신의 디자인을 마쳤다고 한다. 바이러스의 게놈 정보에 돌기 단백질을 만드는 데 필요한 정보가 다 있기 때문에, 사본에 해당하는 mRNA는 정보를 그대로 베끼는 것으로 끝이다.

그렇다면 내 몸의 세포 안에 mRNA가 들어가도 괜찮을지 걱정될 수도 있다. 앞에 언급했듯이 RNA는 수명이 짧다. 특히, mRNA는 더 짧아서 보통 몇 분이면 사라진다. 물론 백신에 넣은 mRNA는 오히려 수명을 늘리기 위해 염기 서열을 적절히 조절했을 수도 있다. 그래야 한 번의 접종만으로 충분한 양의 돌기 단백질이 만들어질 수 있기 때문이다. 인간이 합성한 mRNA인데 예상하지 못한 부작용이 있으면 어쩌냐 싶을 수도 있다. 그런데, 이 mRNA는 코로나바이러스가 가지고 있는 유전정보로 만들었다. 어차피 코로나에 걸리면 우리 세포 안에서 이 돌기 단백질들이 대량으로 생산된다. 바이러스가 그렇게 번식하기 때문이다. 그래도 신기술인데 모르는 부작용이 있을 수 있지 않을까? 지금까지 테스트해 온 모든 결과에 의하면 기존 백신과 전혀 차이가 없다고 한다. 작용 메커니즘을 따져봐도 그렇게 문제 될 만한 부분이 없다. 내게도 맞을 기회가 온다면 당연히 맞을 계획이다.

인체: 37조 개의 세포가 만드는 네트워크

이 트윗 타래는 무려 1만 3000번이 넘게 리트윗retweet되었고 200만 명이 보았다. 다들 마침 궁금하던 내용이라 관심이 많았겠지 싶다. 그리고 나니 많은 분이 답을 주었다. 여전히 의구심을 표하는 분들도 있었고, 몰라서 두려웠는데 이제는 기회가 되면 맞겠다고 하는 분들도 있었다. 새로운 형태의 백신이라 어떻게 작용하는지 몰랐는데 덕분에 잘 배웠다는 현직 의사도 있었다.

얼마 뒤, 한국의 한 의과대학에서 신경과 교수로 근무하고 있는 큰동서에게서 연락을 받았다. 동료 교수가 mRNA 백신에 대해서 잘 정리한 글이라면서 한번 읽어보라고 보내주었는데 살펴보니 내가 쓴 글이더라고 했다. 이와 같이 mRNA 백신은 의사에게도 과학자에게도 생소한 새로운 기술이었다. 누구든 공부해서 이해할 수 있다면 서로 나눠야 했다. 마침 내가 나눌 수 있는 위치에 있었던 것뿐이었다.

탄수화물, 단백질, 지방

생화학을 가르치다 보면 영양에 대한 이야기가 빠질 수 없다. 음식을 입에 넣는 순간부터 위와 장에서 분해되고, 흡수되

고, 저장되고, 사용되고, 대사 후 남은 물질이 몸 밖으로 빠져나
갈 때까지 모든 과정이 생화학 작용이기 때문이다. 대상이 약
대 학생들이다 보니 영양에 관련된 내용을 더 강조할 필요도
있다. 요즈음에는 워낙 근거 없는 정보가 많이 퍼져있어서 영
양에 대한 정확한 기초지식이 여느 때보다도 더 절실하다.

우리 인간은 생태계에서 소비자의 위치에 있다. 다른 동
식물이 만든 영양을 섭취해서 살아간다. 그렇게 얻은 영양분을
연료 삼아 에너지를 만들어내고 또 그 영양분을 우리가 필요한
대로 변형하여 우리 몸을 만든다. 탄수화물, 단백질, 지방이 이
렇게 연료와 구성물질의 역할을 하는 주영양micronutrition이다.
우리가 섭취하는 주영양을 무게로만 따지면 탄수화물, 단백질,
지방이 대략 3:1:1의 비율이다. 물론 개인적인 편차도 크겠지
만, 평균적으로는 그렇다. 뭐, 한국인들은 라면에 떡 넣어 끓여
먹고 남은 국물에 밥까지 말아 먹는, 탄수화물에 미친 사람들
이라는 말이 있기는 하지만, 그래도 단백질과 지방이 식사에서
빠지면 영 섭섭한 맛이 된다.

탄수화물은 무엇보다 에너지원이 된다. 탄수화물은 위와
장을 거쳐 탄수화물의 기본 단위인 단당류monosaccharides가 되
어 혈관으로 들어간다. 그중에 단연코 포도당glucose이 가장 대
표적인 단당류이다. 우리 몸의 모든 세포가 포도당을 주연료로

사용한다. 그러다 보니 우리가 보통 혈당이라고 이야기하는 당이 바로 이 포도당이다. 포도당이 너무 많으면 당뇨병에 걸려여러 가지 문제가 생기고, 포도당이 너무 적으면 저혈당 쇼크로 쓰러질 수 있고 심지어 사망할 수도 있다. 그래서 우리 몸은혈액 속의 포도당 농도를 일정하게 유지하기 위해 언제나 최선을 다하고 있다. 포도당이 적으면 간이 직접 포도당을 만들어혈액 속으로 내보낸다. 포도당이 많으면 인슐린insulin이 분비되고, 지방세포와 근육세포가 빠른 속도로 포도당을 집어삼킨다.

그런데 우리 몸은 포도당을 많이 저장하지는 않는다. 근육세포와 간세포에 글리코겐glycogen의 형태로 저장되기는 하는데 기껏해야 수백 그램 정도니 하루에 먹는 탄수화물에 해당하는 양 정도일 뿐이다. 대신 남는 포도당은 지방세포에서 지방으로 바꿔 차곡차곡 쌓아둔다. 한마디로 살이 찐다.

탄수화물과 달리 지방은 저장하기가 아주 쉽다. 우리 모두몸에 수킬로그램의 지방을 축적하고 있고, 10kg을 넘게 저장하는 경우도 종종 있다. 우리가 몸에 저장할 수 있는 지방의 양에는 한계가 없다고 한다. 몸무게가 500kg에 육박한 사람도 있었고, 초고도비만의 경우 정상 범위를 벗어나는 몸무게의 상당부분이 지방이다.

단백질은 20가지의 아미노산으로 구성된 물질이다. 음식에 들어있는 단백질은 위와 장에서 다 분해되어서 구성물질인 아미노산으로 바뀌고, 우리 몸은 이 아미노산만 혈액 속으로 흡수한다. 아미노산은 다시 우리 몸의 세포 내에서 우리에게 필요한 단백질을 만드는 데 사용된다. 정상 범위의 체중인 경우, 몸무게의 약 20퍼센트가 단백질이다. 물이 우리 몸무게의 약 70퍼센트를 차지하는 걸 생각하면, 결국 단백질이 우리 몸을 구성하는 주요 물질이라는 걸 알 수 있다. 단백질은 근육이나 피부 등 우리 몸의 구조를 형성하는 데만 필요한 것이 아니다. 효소, 호르몬, 항체와 같이 생명현상을 유지하며 살아가는 데 핵심적인 역할을 하는 분자들도 다 단백질이다. 인간의 게놈에는 단백질을 만들기 위해 필요한 정보가 들어있는 유전자가 약 2만여 개가 있다. 결국 이 2만여 개의 단백질을 만들며 살아가기 위해 우리는 항상 아미노산이 필요하다.

단백질을 만드는 데 필요한 20가지의 아미노산 중에는 우리 몸에서 합성할 수 없는 아미노산이 다수이다. 이를 필수아미노산이라고 하는데, 반드시 음식을 통해 섭취해야 한다. 그리고 필수아미노산이 아닌 다른 아미노산은 체내에서 합성할 수는 있지만, 아미노산 하나를 만들 때 다른 아미노산 하나를 사용해야 한다. 그러니 결국, 우리는 몸에서 필요한 아미노산만큼을 다 단백질을 먹어 섭취해야 한다.

단백질을 충분히 섭취하지 못하면, 아미노산이 부족해지고 우리 몸에서 필요한 단백질을 만드는 데 문제가 발생한다. 그럴 때는 우리 몸에 저장되어 있는 단백질 중에 당장 필요하지 않은 단백질을 분해해 아미노산을 만든다. 한마디로 몸을 깎아 먹는 상황이 발생한다. 단백질 섭취가 부족하면 근 손실이 뒤따르는 게 이런 이유이다. 그런데 단백질을 만들고도 남는 아미노산이 있을 때는, 대사를 통해 다른 물질로 전환한다. 이 과정에서 모든 아미노산이 다 가지고 있는 질소nitrogen가 요소urea의 형태로 배출된다. 그래서 우리 소변에는 다량의 요소가 들어간다. 아미노산에서 질소를 떼고 나면, 포도당을 대사할 때 만들어지는 중간물질들과 유사한 물질이 되기에 쓰고 남은 아미노산도 결국 포도당과 비슷한 운명을 겪는다. 단백질도 필요 이상 먹으면, 결국 다 지방으로 바뀌어 지방세포 속에 차곡차곡 쌓인다는 말이다.

탄수화물이든 단백질이든 지방이든 몸에서 쓰고 남는 건 다 저장된다. 지방은 그대로 저장되고, 탄수화물과 단백질은 지방으로 바뀌어 저장된다. 그러다가 먹을 것이 부족해지면, 이 저장된 지방을 이용해 살아간다. 우리가 몸에 가지고 있는 지방이면 대략 한 달 정도는 물만 먹고도 죽지 않고 버틸 수 있다. 물론 저장량에서 개인차가 크기는 하다. 그런데 그 한 달 동안은 정말 죽을 만큼 괴로울 거다. 몸에 충분한 에너지가 있는데도 그렇게 괴롭다. 왜? 저장되어 있는 지방을 써야 하는 것 자체가 비상상황이기 때문이다. 그래서 정말 아껴서 조금씩 내어놓는다. 이 배고픔이 언제 끝날지 알 수 없으니 어떻게든 아껴서 오래 버텨야 하기 때문이다. 저장한 지방을 다 쓰고 나면 죽음이니까.

체중을 줄이고 싶을 때는 저장된 지방을 쓰는 게 이렇게 어렵다는 것이 정말 답답한 노릇이다. 저장은 그렇게 쉽게 하더니 꺼내는 건 또 뭐 이렇게 어렵게 만들어져 있을까 싶다. 야속한 몸이라고 불평할 수도 있겠지만, 우리가 멸종하지 않고 아직도 지구에 살고 있는 건 이런 짠돌이 몸 덕분이다. 역사를 되돌아보면, 인류의 대다수가 더 이상 굶을 걱정을 하지 않게 된 것은 상당히 최근의 일일 뿐이다. 이렇게 되기까지 우리 조상들은 수도 없이 많은 기아를 겪었고 그때마다 누군가는 죽지 않고 버텼기 때문에 우리가 아직 이 땅에 살고 있다. 안타깝기는 하지만, 야속하다 불평할 게 아니고 감사해야 할 일이다.

비타민 이야기

20세기 초반까지만 해도 탄수화물, 단백질, 지방만 충분히 먹으면 생존에 아무 문제가 없다고 믿었다. 그런데 그렇지 않다는 걸 보여주는 연구 결과가 나오기 시작했다. 탄수화물, 단백질, 지방이 충분한데도 건강에 문제가 생기는 경우가 있는데, 특정 식품을 주면 예방되거나 회복되는 거다. 그렇게 특정 식품에 들어 있는 어떠한 성분이 우리가 생존하는 데 필수 불가결하다는 게 알려지며 비타민vitamin이라는 이름을 붙였다. 유기분자의 작용기 중 하나인 아민amine기를 가지고 있을 것이라 추정되었고, 또 생명에 필수적vital이기에 붙은 이름이다.

그렇게 식품에서 비타민을 하나하나 찾으며 발견하는 순서대로 A, B, C, D로 이어지는 알파벳을 붙였다. 비타민 B는 처음에는 1가지 물질인 줄 알았는데, 나중에 분석기술이 발전해 더 나누어보니 여러 물질이 섞여있었다. 그래서 B 뒤에 숫자를 붙여 B_1, B_2, B_3 등으로 부르게 되었다.

처음에는 비타민인 줄 알았는데, 나중에 몸에서 충분히 만들어진다는 사실이 밝혀져 비타민의 지위를 잃어버리는 일이 종종 일어났다. 비타민 A, B, C, D, E까지는 있고 껑충 뛰어서 비타민 K가 있는 이유이다. 한때는 비타민 F, G, H, I, J가 있었는데 비타민 지위를 잃었다. 그리고 K 뒤로도 한참 더 있었는데, 역시 다 실격되었다. 비타민 B도 마찬가지로 20여 가지가 있었는데, 다 실격되고 8개만 남아있다.

비타민은 우리 몸에서 만들지는 못하지만 꼭 있어야 하는 유기분자라서 음식에서 얻어야 한다. 음식에서 섭취하는 양이 부족하면 건강에 이상이 생길 수 있다. 어떤 비타민이 부족하느냐에 따라 이상 증상은 다르게 나타난다. 비타민 A가 부족하면 밤에 잘 보지 못하는 야맹증이 발생할 수 있다. 성장하는 아동에게 비타민 D가 부족하면 뼈의 형성에 이상이 생겨서 팔다리가 휘는 구루병rickets이 발생할 수 있다. 다양한 음식으로 구성된 식사를 제대로 한다면 다 예방 가능한 질병들이다. 우리 몸에서 필요한 비타민은 아주 소량이라서 식사를 통해서 충분한 양을 얻는 것이 전혀 어려운 일이 아니다. 만약에 어떤 이유로든 식사에서 충분한 양을 얻지 못한다면 비타민제로 보충할 수 있다.

비타민은 우리 몸에서 만들지 못한다고 했는데, 하나의 예외가 있다. 비타민 D는 우리 몸에서 만들어진다. 햇볕을 쬘 때, 자외선에 노출된 피부에서 비타민 D가 합성된다. 이 합성 과정에 자외선이 꼭 필요해서, 햇볕을 쬐지 않으면 충분한 양이 만들어지지 않는다. 비타민 D가 발견되기 전, 미국의 미네소타주나 위스콘신주같이 겨울이 긴 고위도 지역에는 구루병에 걸린 아이들이 흔했다. 추운 겨울 동안 햇볕을 충분히 받지 못해서 비타민 D의 합성이 부족한 결과였다. 과학자들의 연구

인체: 37조 개의 세포가 만드는 네트워크

를 통해 비타민 D가 구루병을 예방할 수 있다는 사실이 알려지자 유제품에 비타민 D를 추가하기 시작했고, 그 뒤로는 미국에서 구루병이 거의 사라졌다. 이렇게 자체 합성만으로는 부족해 식품으로 섭취해야 하는 경우가 많다 보니 비타민으로 인정받게 되었다.

비타민 D를 합성하는 데 자외선이 필요하기에, 인간의 피부색이 진화하는 데도 비타민 D가 중요한 역할을 했다고 추정된다. 일반적으로 스칸디나비아반도같이 고위도 지역에 오래 살았던 종족일수록 피부색이 밝은 경향이 있는데, 밝은 피부색이 비타민 D 합성에 더 유리해서 그렇게 진화한 것으로 보인다. 그러니 피부색이 어두운 사람이 고위도 지역에 살게 되면 그만큼 비타민 D 합성이 잘 되지 않아 결핍증이 발생할 가능성이 높다.

저위도 지역에서는 자외선에 노출되는 시간이 길어지니 어두운 피부를 가지고도 비타민 D를 합성하기에 충분하다. 하지만 저위도 지역에서 밝은 피부색을 가지고 있다면, 피부의 색소가 자외선을 차단하지 못해 세포 내의 DNA가 손상될 가능성이 높아진다. 즉, 저위도 지역에서는 어두운 피부색이 DNA를 보호하는 선글라스 역할을 해준다. 잠깐, 그러면 겨울이 그렇게 긴 알래스카의 원주민인 이누이트Inuit족은 피부색도 어두운 편인데 어떻게 구루병에 걸리지 않고 살아남았을까? 그들의 고유한 식생활에 그 답이 있다. 그들은 어떠한 식품에서 비타민 D를 섭취해 결핍증을 겪지 않았다. 바로 동물의 간이었다. 알래스카 원주민들은 물개와 같은 사냥감을 잡으면 간을 꼭 먹는다. 물론 맛있어서 먹었겠지만, 간에는 비타민 D가 풍부하다. 인간은 물론 다른 동물들도 다 간에 비타민 D를 저장하기 때문이다.

간에는 비타민 D뿐 아니라 비타민 A와 비타민 K도 풍부하다. 이 세 비타민은 지용성fat-soluble 비타민이라는 공통점을 가지고 있다. 그래서 우리 몸에 쉽게 저장된다. 쉽게 저장이 되기 때문에 필요 이상으로 과다 복용하면 독성이 나타나기도 한다. 비타민 B군과 비타민 C는 수용성water-soluble 비타민이어서 우리 몸에 저장되지 않는다. 쓰고 남는 수용성 비타민은 소변으로 배출되고 다음 날에는 또다시 음식에서 얻어야 한다. 그래서 식사를 제대로 하고 있어서 충분한 비타민을 식사에서 얻고 있는 경우에 비타민제를 섭취하면 아무 효과도 없이 그저 비싼 소변만 보게 된다고 한다.

수용성 비타민은 잘 배출되기 때문에 과다 복용한다고 해서 쉽게 독성이 생기지는 않는다. 하지만 저장이 되지 않기에, 식사를 제대로 하지 않으면 수용성 비타민 결핍증이 먼저 나타난다. 지용성 비타민은 몸에 저장되어 있어서 결핍증이 나타나는 데 시간이 좀 걸린다. 알코올의존증 환자들은 식사를 제대로 하지 않아 영양실조가 되기 쉬운데, 이 경우 비타민 B군 결핍증이 발견되기도 한다. 비타민 B군 결핍증의 증상은 종종 피부의 이상으로 나타난다. 우리 피부는 몸에서 가장 빨리 재생되는 기관 중 하나이다. 비타민 B군에 속한 비타민들은 대부분 세포 내 대사에 중요한 역할을 하고 있어서, 결핍되면 세포가 자라나고 조직이 재생하는 데 장애가 발생한다. 그러니 피부의 재생에도 문제가 생겨 눈에 띄게 피부가 나빠진다. 게다가 피부는 몸 바깥에 위치해 내부 장기와는 달리 우리 눈에 바로 보인다. 만일 특별한 이유 없이 피부가 나빠지고 로션을 발라도 소용없다면 그동안 식사를 제대로 했는지 돌아봐야 한다. 그리고 음주나 흡연이 체내에서 더 많은 비타민이 필요하게 한다는 것도 고려해야 한다.

도대체 어떤 음식을 어떻게 먹어야 비타민을 충분하게 섭취할 수 있을까? 비타민에 종류도 많아서 어느 비타민이 어느 식품에 많은지를 다 기억해서 챙겨먹기가 쉽지는 않다. 이럴 때, 제일 기억하기 쉬운 간단한 방법이 밥상 위가 알록달록하게 음식을 준비하는 거다. 음식이 다 하얗거나 다 갈색인 것보다는, 빨간색 노란색 초록색 등 여러 가지 색을 가진 음식이 들

어있는 식단이 더 균형 잡힌 식단이라는 말이다. 다양한 색깔
은 다양한 재료를 의미하고 그만큼 특정한 결핍을 겪을 가능성
을 줄여준다. 그리고 여러 비타민이 색을 가지고 있어서 색이
있는 음식에 (당연히 식용색소가 들어간 음식은 제외한다) 비타민
이 풍부할 가능성도 높다. 예를 들어, 비타민 A가 만들어지는
카로틴carotene은 노란색이어서 당근이나 호박, 파프리카와 같
이 노란색 채소나 계란 노른자에 풍부하다. 그러니 장을 볼 때
부터 가능한 다양한 색의 요리 재료를 찾으면 비타민 결핍을
염려할 필요가 없어진다.

37조 개의 세포는 어떻게 한 몸이 되는가

지구상의 모든 생명체와 마찬가지로, 인간의 몸은 세포로
구성되어 있다. 인간의 몸에는 근육세포, 피부세포, 간세포, 신
경세포 등 약 200여 종의 세포가 존재하는데, 세포의 수를 다
더하면 무려 37조 개가 된다. 상상하기도 쉽지 않은 큰 숫자이
다. 이 많은 수의 세포가 매 순간 각자 자기의 맡은 역할을 성
실하게 수행하기에 우리가 하루하루를 살아갈 수 있다.

이 37조 개의 세포들이 교신해야만 우리가 한 몸으로 살

아가는 것이 가능해진다. 지금 가만히 앉아 책을 읽고 있는 당신의 몸에서도 눈을 움직이는 근육세포와, 망막에서 빛을 받아들여 전기신호로 바꾸어주는 광수용세포, 그 전기신호를 뇌의 시각중추까지 전달하는 신경세포 등이 쉬지 않고 교신하기에 눈이 글을 따라갈 수 있는 것이다.

이렇듯 교신하기 위해서, 어떤 세포는 신호를 보내고 또 어떤 세포는 그 신호를 감지한다. 여기서 신호의 정체는 무엇일까? 사람과 사람 사이에는 비명이든 말이든 소리를 신호로 사용할 수 있지만, 세포는 그렇게 할 수 없다. 대신 세포는 화학물질을 신호로 사용한다. 다른 세포에게 신호를 보내야 하면 특정 화학물질을 분비한다. 그러면 그 화학물질이 다른 세포에 존재하는 수용체receptor라는 단백질에 결합해서 신호를 전달한다. 즉, 수용체가 신호의 수신기 역할을 한다. 신호와 결합한 수용체는 활성화되고, 신호를 받은 세포 내에서 그 신호에 해당하는 변화가 일어나게 한다. 이렇게 인간의 세포들이 교신하기 위해 신호로 사용하는 화학물질에는 무려 수백 가지가 있다. 이는 수백 가지 다른 의미의 신호를 보낼 수 있다는 의미이기도 하다.

신호를 보내는 세포와 신호를 받는 세포의 거리에 따라서 신호전달 방식이 달라진다. 먼저 뇌세포와 같은 신경세포는 신호를 보내는 세포와 신호를 받는 세포가 거의 맞닿아 있다. 신경세포는 화학물질이 아닌 전기신호를 써서 교신하는 것 아닌가 생각할 수 있는데 그렇지 않다. 물론 신경세포의 세포막은 전기신호를 전달하는 전선 역할을 한다. 하지만 이 전기신호는 한 세포에서 다른 세포로 뛰어넘지는 못한다. 그래서 결국 신경세포도 서로 맞닿은 지점에서는 화학물질을 신호로 사용해야만 한다. 이 맞닿은 지점을 시냅스synapse라고 하고, 시냅스에서 분비되는 신호 물질을 신경전달물질neurotransmitter이라고 한다.

뇌에 존재하는 860억 개의 신경세포들이 시냅스를 수도 없이 많이 만들어 신호를 주고받기 때문에 우리가 생각하고, 감각을 느끼고, 몸도 움직일 수 있다. 시냅스를 통해 신호가 전달되는 데는 고작 1000분의 1초가 걸린다. 이런 빠른 전달 속도 덕분에, 우리는 음악에 맞추어 춤도 출 수 있고, 친구가 던져주는 과자도 받아먹을 수 있고, 달려오는 자전거도 피할 수 있다.

서로 거리가 먼 세포 사이의 교신은 호르몬을 통해서 이루어진다. 신호를 보내는 세포가 호르몬을 만들어서 분비하면, 호르몬은 혈액 속으로 들어가 온몸을 돌다가, 그 호르몬에 대한 수용체를 가진 세포를 만나 결합한다. 신호를 보내는 세포와 신호를 받는 세포가 맞닿아 있어서 수신할 세포가 미리 정

인체: 37조 개의 세포가 만드는 네트워크

해져 있는 신경세포 간의 전달이 마치 유선통신과 같다면, 이렇게 멀리 떨어진 세포끼리 호르몬으로 신호를 주고받는 방식은 무선통신과 같다. 일단 호르몬이 분비되면, 우리 몸에서 그 호르몬의 수용체를 가진 모든 세포가 다 그 신호를 수신한다.

호르몬은 온몸을 돌기 때문에 시냅스를 통하는 것만큼 신호가 빨리 전달되지는 않는다. 그래도 보통 초나 분 단위의 시간이면 신호를 받는 세포에 도착한다. 극심한 공포를 느꼈던 경험을 떠올려보자. 위험한 상황을 겪으면 신장에 붙어있는 부신adrenal glands에서 대량의 아드레날린adrenalin이 분비된다. 그리고 곧 심장 박동이 빨라지고 동공이 확대된다. 부신에서 신체의 여러 부분에 비상사태가 발생했으니 대처하라는 의미로 아드레날린이라는 호르몬을 보내는 것이다. 심장과 동공은 아드레날린에 대한 수용체를 가지고 있기에 신호를 받아 반응할 수 있다. 그 외에도 여러 가지 신체 변화가 나타나는데, 모두 우리가 위험에 대처할 수 있도록 도와주기 위함이다.

앞에 잠깐 언급했던 인슐린 역시 호르몬이다. 탄수화물이 많은 식사를 하고 나면 혈당이 높아지고, 췌장은 인슐린을 분비한다. 그러면 몸의 근육세포와 지방세포 등 인슐린 수용체를 가진 세포들이 혈액 속의 포도당을 흡수해 혈당을 낮춘다. 제1형 당뇨병 환자는 체내에서 인슐린이 분비되지 않아 혈당을 조절하지 못하고 생명이 위태로운 상황까지 갈 수 있다. 그래서 이런 환자들은 본인의 혈당을 종종 검사해 보고 혈당이 높으면 인슐린을 주사해 혈당을 인위적으로 조절해야 한다.

모든 호르몬의 효과가 아드레날린과 인슐린같이 빨리 나타나지는 않는다. 특히 스테로이드 호르몬이 그렇다. 인체에서 중요한 역할을 하는 스테로이드 호르몬에는 성호르몬인 프로게스테론progesterone, 에스트라디올, 테스토스테론과 부신피질 호르몬인 코티졸cortisol, 알도스테론aldosterone까지 5가지가 있다. 이 호르몬들은 모두 콜레스테롤을 재료로 해서 만들어진다. 스테로이드steroid라고 부르는 이유가 바로 콜레스테롤과 구조가 유사하기 때문이다. 사람과 유사한 인조인간을 안드로이드android라고 부르는 것과 같다.

스테로이드 호르몬의 수용체는 호르몬과 결합해 활성화되면 세포 내의 핵 안으로 이동해서 여러 유전자의 발현을 조절한다. 그 전에는 잠자고 있던 유전자가 깨어나서 그 유전자에 해당하는 mRNA가 만들어지고 또 그 mRNA에서 해당되는 단백질이 만들어진다. 이렇게 여러 단백질들이 만들어지고 나면 해당 세포의 작동방식에 큰 변화가 생긴다.

이와 같이 복잡한 일련의 과정이 필요하기에 스테로이드 호르몬이 분비되고 나서 효과가 나타나기까지는 시간이 제법 걸린다. 스테로이드 호르몬의 구조를 적당히 변형해서 효과는 좋고 부작용은 적은 약이 제법 많이 만들어졌는데, 이 약들도 스테로이드라고 부른다. 예를 들면, 스테로이드성 소염제는 코르티솔을 변형한 약이고, 경구용 피임약은 프로게스테론과 에스트라디올을 변형한 약이다. 스테로이드 제제들도 스테로이드 호르몬같이 효과가 완전히 나타나기까지 짧게는 몇 시간에서 길게는 며칠까지 시간이 걸린다. 하지만 효과는 그 어떤 약보다도 강력하다. 몸에 염증이 있을 때 아스피린이나 이부프로펜 같은 비스테로이드성 소염제non-steroidal anti-inflammatory drugs를 흔히 사용하는데, 스테로이드성 소염제의 효과는 이 약들과 비할 바가 아니게 강력하다. 유전자의 발현 자체를 조절해 세포의 작동방식을 바꿔버리기 때문이다.

세포가 다른 세포로 보내는 신호에 어떤 종류가 있는지, 신호를 받는 세포가 가진 수용체는 어떻게 작동하는지, 수용체가 활성화되고 나면 세포 내에서 어떤 변화가 일어나는지, 이 모든 질문이 지난 수십 년간 많은 과학자들이 추구해 온 연구 과제였다. 이 분야에서 중요한 연구 결과를 이루어낸 학자들에게 그동안 수십여 개의 노벨상이 수상되었을 만큼 놀라운 진보가 이루어졌다. 물론 이런 연구 성과를 바탕으로 수많은 의약품이 개발되었다. 그리고 때론 신호전달 과정에 오류가 발생하고 그 때문에 질병이 발생하기도 한다는 것이 밝혀졌는데, 암cancer이 바로 그 예이다.

정상인 세포는 성장인자라는 신호가 있을 때만 성장을 한다. 하지만 유전자의 변이 등으로 그 과정 어딘가에 오류가 발생하면 성장인자가 없는데도 세포가 성장하는 경우가 발생하고, 이런 비정상적인 성장이 바로 암의 원인이 된다. 결국 암세포란 우리 몸의 세포 중에서 다른 세포와의 정상적인 교신을 거부한 세포라고 할 수 있다. 심지어 암세포는 위장신호를 보내 다른 정상세포들을 속이기까지 한다. 이러다 보니 세포와 세포 사이의 신호에 대한 연구는 암을 연구하고 암을 치료하는 방법을 찾는 데도 핵심적인 역할을 해왔다.

하지만 인류가 암을 퇴치하는 것은 아직도 요원하다. 37조 개의 세포가 상호작용하며 살아가는 이 고도로 복잡한 인체에는, 아직도 우리가 풀어야 할 신비가 한가득이기 때문이다. 그리고 나는 앞으로도 한참 동안 더 이 인체라는 소우주를 탐험하며 배움을 즐길 수 있을 것이다.

나에게도 탐험가 개미의
정신이 있을까

캘리포니아대학교 버클리캠퍼스에서 박사후연구원으로 일하던 시절, 캘리포니아의 건조한 날씨 때문인지 당시 살던 허름한 아파트 주위에 개미가 무척 많았다. 퇴근길에 개미가 십여 미터씩 줄지어 행진하는 모습을 종종 볼 수 있었는데, 그게 신기해서 땅에 주저앉아 한참을 지켜보고는 했다. 개미가 가는 길의 중간에 돌을 놓아보기도 하고, 종이를 놓아보기도 하고, 길 표면을 물로 닦아보기도 했다.

개미들은 행진하던 경로에 이렇듯 문제가 발생하면, 처음에는 길을 찾지 못해 헤매다가 몇 갈래의 연결 경로를 만들고, 그 경로들을 조금씩 변형해 가면서 결국에는 하나의 최단 경로로 수렴시켰다. 집단으로 수많은 시도를 거쳐 최적화된 방식을 찾아내는 것이다! 개미의 문제 풀이 방식을 구경하다 보면 시간 가는 걸 잊기 일쑤였다. 집에 오기로 한 사람이 안 오면 아내는 이 인간이 또 개미 구경하고 있구나 하고 개미 구경에 심취해 있는 나를 찾으러 나와 집으로 끌고 가곤 했다.

호기심이 발동하고 나니, 개미가 어떻게 길을 만드는지 알고 싶어서 이런저런 자료를 많이 찾아봤다. 먹이를 찾아 집으로 돌아가는 개미는 길에 경로 페로몬trail pheromone이라는 일종의 신호물질을 점점이 흘린다. 그러면 집에서 나오는 다른 개미들도 경로 페로몬의 냄새를 계속 따라가서 먹이를 찾는다. 그렇게 먹이를 가지고 돌아가는 개미마다 경로 페로몬을 흘리면 경로가 강화된다. 그러다 그 먹이를 다 가져와, 경로를 따라간 개미들이 빈손으로 돌아오게 되는 순간이 온다. 그러면 개미들은 더 이상 경로 페로몬을 흘리지 않아 신호가 점점 약해지고, 마침내 경로가 사라진다.

그런데 개미들이 이렇게 다 경로 페로몬 냄새만 따라다닌다면 새로운 먹이는 어떻게 발견하는 걸까? 페로몬이 없으면 그냥 정처 없이 먹이를 찾을 때까지 아무 방향으로나 헤매고 다니는 걸까? 알고 보니, 개미 군체colony 중 일부는 페로몬을 따라다니지 않는다! 바로 탐험가 개미들이다. 탐험가 개미들은 이미 알려진 먹이를 향해 가지 않고, 이곳저곳을 방황하다가 새로운 먹이를 찾으면 집으로 돌아오면서 경로 페로몬을 흘려 일개미들이 그 먹이를 찾아갈 수 있게 해준다. 대세를 따르지 않고 자기 갈 길을 가는 이 탐험가 개미 덕분에 군체는 지속적으로 새로운 먹이를 발견할 수 있다.

그렇다고 해서 모든 개미가 탐험가 개미를 한다면 그 또한 문제이다. 이미 발견한 먹이를 놔두고 다들 새 먹이만 찾아다닐 테니 막상 가져오는 먹이의 양이 사정없이 줄어들 것이다. 그러니 탐험가 개미는 꼭 필요하지만 군체에서 소수여야만 한다. 개미는 진화를 통해 주어진 환경에서 필요한 최적의 탐험가 개미의 숫자를 구하지 않았을까 싶다.

이 이야기의 교훈이 무엇일까? 일단 사회의 관점에서 생각해 보자. 우리 사회에도 탐험가 개미가 필요하다. 아마도 연구개발 종사자들이 한 예가 될 수 있을 것 같다. 먹을 것 안 물고 오고 쏘다닌다고 탐험가 개미가 없는 게 낫겠다 생각하면 큰 오산이다. 그들 덕분에 사회는 전진할 수 있다. 하지만 사회가 유지되는 건 역시 다수의 일개미들 덕분이다. 탐험가 개미들은 자신들이 쏘다닐 수 있는 건 일개미들 덕분이라는 걸 절대 잊어서는 안 된다.

이러한 관점을 개인에게도 적용할 수 있다. 우리 모두에게는 탐험가 개미의 정신이 필요하다. 당장 가치를 얻지 못한다고 해도 쑤시고 다니는 열정, 이것이 없다면 우리 삶은 쳇바퀴처럼 같은 곳을 맴돌 것이다. 하지만 우리 정신의 90퍼센트는, 아니 어쩌면 99퍼센트는 일개미의 정신이어야 한다. 이 일개미의 정신이 있어야만 탐험가 개미의 정신도 존재할 수 있기 때문이다.

내가 그동안 살아오면서 탐험가 개미의 정신으로 추구해온 7가지 주제에 대한 이야기를 나누어보았다. 많은 독자님들이 이렇게 다양한 공부를 할 시간이 어디에 있었을까 궁금해하실 수도 있다. 프롤로그에서 언급했던 동료 교수의 질문처럼 말이다. 무엇보다 난 일개미의 정신을 잊은 적은 없었다. 아무리 탐험가 개미의 정신을 소중히 간직하며 살려고 해도, 삶의 대부분은 학자로서 또 교육자로서 일개미의 삶이어야 했다. 이 일개미로서의 삶이 없다면 탐험가 개미로서의 삶도 가질 수 없는 것이 피할 수 없는 현실이다(로또에 당첨되어 조기 은퇴하고 취미 생활이나 하면서 살면 얼마나 좋을까 하는 달콤한 상상은 당신만 해본 것이 아니다).

단순히 경제적인 이유만을 이야기하는 건 아니다. 사회의 일원으로 가치를 생산하는 역할을 수행하고 있기에, 틈틈이 시도하는 가치와 무관한 공부가 내게 더 매력적으로 느껴지지 않았을까 싶다. 그리고 나의 역할을 충실히 수행하며 가치를 생산하려 했던 것이 가치와 무관한 공부의 출발점이 되는 경우도 많았다. 이 책에서 다룬 음식, 자연, 인체 등이 바로 아빠로서의, 교육자로서의 역할을 수행하다가 발견한 예상치 못한 배움의 즐거움이었다.

혹시 이 책을 읽고 나에게도 탐험가 개미의 정신이 있을까 스스로에게 질문을 건네게 되었다면 뜨겁게 응원하고 싶다. 억지로 할 필요도 없고, 무리해서 할 필요도 없다. 그저 새로 알아가는 게 즐거운 분야가 있다면, 더 알아보고 싶다는 호기심을 자극하는 분야가 있다면, 주저하지 않고 앞으로 나아가길 바란다. 어쩌면 삶이 더 풍요로워지고 더 아름다워지고 더 알차게 느껴질 수도 있다. 아니면 예상치 못했던 기발한 돌파구를 찾게 될 수도 있다. 물론 그렇게 된다는 보장은 전혀 없다. 끝까지 가치와는 아무 상관없는 나만의 놀이가 될 수도 있다. 그렇게 된다고 해도 괜찮다. 탐험이란 원래 그런 거니까 말이다.

마지막으로, 이 책이 세상에 나오게 도와준 많은 분들께 감사를 드리려 한다. 2022년 가을, 책 한 권 내본 적이 없던 나에게 문득 이메일을 보내 이런 책을 한번 써보자고 제안해 주셨던 웨일북의 이정주 님의 무모함에 감사를 전한다. 그 이메일이 왔다는 말을 듣고 이정주 님을 만나면 자기가 꼭 밥 사겠다며, 미적거리는 나를 결국 컴퓨터 앞에 앉힌 사랑하는 아내민숙경의 열의에도 감사를 전하고 싶다. 실은 이정주 님이 나에게 메일을 보내기 몇 년 전부터 아내는 딱 이런 책을 한번 써보라고 나를 들쑤셔왔다. 두 분이 아니었으면 이 책은 절대 세상에 나올 수가 없었다. 그리고 일일이 언급하는 것은 불가능하지만 트위터에서 만난 수많은 친구들에게 감사를 전하고 싶다. 가치와는 무관한 앎을 기뻐하는 이상한 사람들이 의외로 많다는 사실을 트위터 하면서 절실히 깨달았다(이런 책을 내도 적어도 그분들은 사줄 거라는 근거 없는 믿음 또한 가지고 있다). 이렇게 지적 매력 가득한 다양한 친구들과의 교류를 통해 많은 것을 배우고 많은 도전도 받았다. 무엇보다 이 책의 곳곳에 그런 교류의 기록이 들어있다는 사실을 밝혀야 할 것 같다. 이 외로운 인디애나주의 옥수수밭 한가운데서 같이 야생화를 찾아다니고 같이 퍼즐을 풀며 나의 최고의 친구가 되어준 하진이와 재상이에게도 감사를 전하고 싶다(한국말을 제법 잘하지만 그래도 이 책 읽기는 좀 버거워할 하진이와 재상이를 위해 죽기 전에 이 책을 영어로 번역하겠다는 계획도 가지고 있다). 내 김치 정량화 프로젝트의 시작이 되었던 레시피의 제공자인 우리 동네 김치 장인 박정선 님, 내 루빅스 큐브 콜렉션 사진을 근사하게 찍어주신 아마추어 사진작가 박재희 님, 루빅스 큐브의 구성 원리를 설명하는 근사한 삼차원 일러스트레이션을 뚝딱 만들어주신

금손 최혜정 님, 대학원생 시절 퀴즈 게시판에서 저울 문제를 비롯한 고급 수학 퍼즐 문제 다수를 알려주었던 후배 김영한 교수님(캘리포니아대학교 샌디에이고캠퍼스), 집필 과정에서 책의 내용에 대해 들어주시고 의견도 나누어주신 정병후 교수님, 여윤 교수님, 홍승기 교수님(퍼듀대학교)에게도 특별한 감사를 전한다. 마지막으로, 말 배우고 나서부터 질문에 질문을 쏟아내던 호기심 많은 별난 아들 키우느라 남달리 수고하시고, 공부하는 일상의 즐거움을 손수 보여주신 아버지, 어머니께 이 책을 바친다.

1장. 음식

Harold McGee, 《On Food and Cooking: The Science and Lore of the Kitchen》,
　　Simon and Schuster, 2004.

(한국어판: 해럴드 맥기, 이희건 옮김, 《음식과 요리》, 이데아, 2017.)

Cassidy Olsen, "You're Hard-boiling Your Eggs Wrong. Hint: You Shouldn't Be
　　"Boiling" Them at All.", Reviewed, 2019.07.01.

Paul Francis Sharp & Charles Kelly Powell, 〈Increase in the pH of the White and
　　Yolk of Hens' Eggs〉, Industrial & Engineering Chemistry, 23(2), 196~199, 1931.

2장. 언어

Francesca Romana Onofri & Karen Antje Möller & Teresa L. Picarazzi, 《Italian For
　　Dummies》, John Wiley & Sons, 2008.

Elizabeth Gilbert, 《Eat, Pray, Love: One Woman's Search for Everything》, A&C
　　Black, 2007.

(한국어판: 엘리자베스 길버트, 노지선 옮김, 《먹고 기도하고 사랑하라》, 민음사, 2017.)

에리히 프롬, 차경아 옮김, 《소유냐 존재냐》, 까치, 2020.

3장. 자연

유홍준, 《나의 문화유산 답사기 1》, 창비, 2011.

Susan J. Wernert, 《Reader's Digest North American Wildlife》, Reader's Digest
　　Association, 1982.

《Book of North American Birds》, Reader's Digest Association, 1990.

Stephen Jay Gould, 《Ever Since Darwin: Reflections in Natural History》, W. W.
　　Norton, 1992.

(한국어판: 스티븐 제이 굴드, 홍욱희·홍동선 옮김, 《다윈 이후》, 사이언스북스, 2009.)

움베르토 에코, 이윤기 옮김, 《장미의 이름》, 열린책들, 2009.

4장. 예술

Ernst Hans Gombrich, 《The Story of Art》, 16th Ed, Phaidon Press, 1995.
(한국어판: 에른스트 H. 곰브리치, 백승길·이종숭 옮김, 《서양미술사》, 예경, 2003.)

5장. 사회

Lauren Aratani, "'Amazon Doesn't Care about Books': How Barnes & Noble
    Bounced Back", The Guardian, 2023.04.15.
Maureen O'Connor, "Barnes & Noble Sets Itself Free", The New York Times,
    2023.10.17.
Daniel Kahneman, 《Thinking, Fast and Slow》, Macmillan, 2011.
(한국어판: 대니얼 카너먼, 이창신 옮김, 《생각에 관한 생각》, 김영사, 2018.)
Mark Kantrowitz, "Women Achieve Gains In STEM Fields", Forbes, 2022.04.07.

6장. 퍼즐

Mihaly Csikszentmihalyi, 《Flow: The Psychology of Optimal Experience》, Harper
    Collins, 2009.
(한국어판: 미하이 칙센트미하이, 최인수 옮김, 《몰입 Flow》, 한울림, 2004.)
Killingsworth, M. A. & Gilbert, D. T., 〈A Wandering Mind Is an Unhappy Mind〉,
    Science, 330(6006), 932~932, 2010.
R. L. Goodstein, 〈Find the Penny〉, The Mathematical Gazette Vol. 29, No. 287,
    227~229, 1945.
Dan Brown, 《Angels & Demons》, Pocket Books, 2000.
(한국어판: 댄 브라운, 홍성영 옮김, 《천사와 악마》, 문학수첩, 2008.)

7장. 인체

John G. Nicholls & A. Robert Martin & David A. Brown & Mathew E. Diamond &
    David A. Weisblat & Paul A. Fuchs, 《From Neuron to Brain》, 5th Ed, Sinauer
    Associates(Oxford University Press), 2011.
Sang-Hee Lee with Shin-Young Yoon, 《Close Encounters with Humankind:
    A Paleoanthropologist Investigates Our Evolving Species》, WW Norton &
    Company, 2018.
(한국어판: 이상희·윤신영, 《인류의 기원》, 사이언스북스, 2015.)

도판

삶이 괴로울 땐
공부를 시작하는 것이 좋다

초판 1쇄 발행 2023년 12월 20일
초판 5쇄 발행 2024년 1월 30일

지은이 박치욱
펴낸이 권미경
기획편집 이정주
마케팅 심지훈, 강소연, 김재이
디자인 studio forb
일러스트 최광렬
펴낸곳 (주)웨일북
출판등록 2015년 10월 12일 제2015-000316호
주소 서울시 마포구 토정로 47 서일빌딩 701호
전화 02-322-7187 **팩스** 02-337-8187
메일 sea@whalebook.co.kr **인스타그램** instagram.com/whalebooks

ⓒ 박치욱, 2023
ISBN 979-11-92097-68-8 (03190)

소중한 원고를 보내주세요.
좋은 저자에게서 좋은 책이 나온다는 믿음으로, 항상 진심을 다해 구하겠습니다.